不動産投資・賃貸経営で利益を残す!

リフォームコスト削減ノウハウ虎の穴

大家さんの為の満室経営実践会®主宰
小林大祐

HOW TO MAKE PROFITS
FROM YOUR REAL ESTATE INVESTING AND RENTAL PROPERTIES
BY MINIMIZING RENOVATION COSTS

DAISUKE KOBAYASHI

筑摩書房

不動産投資・賃貸経営で利益を残す！

賃貸物件リフォームコスト削減ノウハウ虎の穴　目次

序章　9

第1章　なぜあなたの不動産投資、賃貸経営は儲からないのか？　19

世の中そんなに甘くない!?　不労所得の理想と現実　19

あなたは間違いだらけの不動産投資をしていませんか？　23

大家を取り巻く業者たち　〝自称プロ〟の本性とは？　31
家賃が下がろうが何も困らない！　賃貸仲介業者のビジネスモデル　32
大家の利益をいっさい考えない！　勝手に値下げもする管理会者　39
需要がなくてもいい！　生きていくために建てるしかない建築業者　42
「家賃保証」は本当に安心？　ハウスメーカーの収益構造はこうなっている　45
地主、家主は羨ましい？　やられっぱなしの悲惨な末路　47
購入前に要注意！　新築、中古物件の「収支計画」に潜む3つの罠　51
時代は完全に変わった！　過当競争時代の大家の悩みと苦しみ　54
実録！　ある築古大家さんの悲劇　58
「満室大家」でさえ儲からない⁉　その理由とは？　61
同じ工事内容なのにリフォーム見積が200万も違う⁉
工事業者の「収益構造」とは？　66
なぜ「リフォーム工事」は「一声100万円」と高額なのか？　75
あなたはそれでも不動産投資をやりますか？　80

第2章 1室でもできる！　見積330万円が60万円に！ 利回り20％を達成するリフォームコスト削減ノウハウ公開 84

空室1室からできる！　これが「リフォームコスト削減ワークフロー」だ！ 84
競売で入手した築30年物件で、リフォームコスト削減を実践！ 86
空室発生！　素人大家を待ち受ける3つの罠とは？ 96
素人大家が陥りやすい罠　その1
何も考えずに、いきなり見積を多くの業者から取ってしまう 97
素人大家が陥りやすい罠　その2
業者に素人扱いされ、足元を見られて高額な見積を出されてしまう 103
素人大家が陥りやすい罠　その3
施工項目のチェックができずに、見積総額だけで判断してしまう 108
「賃貸経営戦略」を立てるためには、まず「調査分析」が不可欠 110
「物件企画」は中長期の「賃貸経営戦略」に基づいて考える 116
【外的調査分析】 122
最も重要な「調査分析」は果してどこまでやるべきか？ 122

勝ち組大家が実践する市場調査、「3つの必須確認事項」とは？　123
「対象物件エリア」のニーズ確認、3つの確認ポイントとは？　126
「対象物件エリア」の「ユーザー層」をどう読むか？　128
「対象物件エリア」の募集繁忙期が示すこととは？　131
「対象物件エリア」の賃料相場確認、〝素人大家〟が知らない落とし穴とは？　133
面談技術はここがツボ！　仲介業者ヒアリングの具体的方法とは？　136

【内的調査分析】145
勝ち組大家が実践する内的調査分析、「3つの必須確認事項」とは？　145
概算予算と市場ニーズの〝整合性〟、絶対にはずせない重要ポイントとは？　146
ローコスト戦略をとるなら、予算は「月額賃料の最大2年分程度」　149
付加価値戦略をとるなら、予算は「月額賃料の最大5年分程度」　152
修繕プランと施工の可否、リフォーム工事企画の〝必須確認ポイント〟を知る　161
修繕箇所と部材の実勢価格、知識ゼロから相場感を掴む方法とは？　166

【物件企画決定】173
勝ち組大家が実践する「物件企画」の本質とは？　173
物件企画が決まった後の〝3つの必須作業〟とは？　178

第3章

「業者検索」から「選定」まで　コスト削減の全てが決まる！　46社当たってわかったリフォーム工事の〝カラクリ〟とは？

180

【概略図面作成】　180

業者の術中〟に陥らないために　概略図面作成〝3つの重要ポイント〟とは？　180

「概略図面」における「修繕箇所」記入の注意点と具体例を公開　183

【業者検索】　184

〝コスト削減の成否〟を分ける！　「工事業者検索」の「準備」と「手順」　184

コスト削減のプロが実践する〝業者検索〟の考え方　188

〝アプローチするべき工事業者〟と〝そうでない業者〟はここで見分ける　190

「リフォーム工事業者」の「事業者構造」から「工事価格の構成」を知る　193

【業者コンタクト】　196

工事業者とのコンタクト、実は「手法」と「順番」が大事　196

すでに勝負は始まっている！　電話での依頼内容の具体例とは？　198

「部材指定」の手間が「10分の1」になる！　究極の〝部材選定術〟とは？　201

【業者選定】 204
「一次見積」から「二次見積」へ、必ず確認しなくてはいけないこととは？ 204
業者面談が勝負どころ！ アポ取りから現場での切り返し方の全て 218
超重要！ 1室単位の「空室」リフォーム工事で組むべき〝本命業者〟とは？ 225
本命業者との最終交渉、大幅コスト削減を実現する「指値術」の極意とは？ 235
見積金額330万円が同じ内容で60万円に！ 実際の工事費内訳を公開！ 242
最後まで要注意！ 見積最終確認と契約の注意点 245
「業者選定におけるリスク」をどう「リスクヘッジ」するのか？ 249
330万円を60万円に削減した「大幅コスト削減」の秘訣とは？ 252

第4章

「工事開始」から「募集」まで ここが違う！ 利益が残る賃貸経営の具体的方法とは？ 254

【工事開始】 254
〝素人大家〟が知らない「現場確認」ですべきこととは？ 254
「工事完了引渡し」後の工事業者とのつきあい方 260

【募集開始】　263
「利回り20％」を達成するための「客付テクニック」の本質とは？　263
成約率を上げるために「戦略性ある賃料メニュー」を用意する！　270
賃貸開始　賃貸経営の理想と現実　大家に不可欠な9つのノウハウ　275

第5章

これからの不動産投資、賃貸経営　生き残り戦略とは？　282
下りのエスカレーターと上りのエスカレーター　282
「人口減少」と「過剰供給」の末路　290
「地方都市」に学ぶ日本の将来像　293
「首都圏信者」と「利回り信者」　294
「資産家税」に「消費者保護」、そして〝破綻寸前国家〟の行く末　300
「良い物件」を買えば成功するという〝幻想〟　307
「知識格差」と「収益格差」の意味を今一度考える　310
全てが2極化する今、あなたは何をするべきか？　319

第6章

アーリーリタイアメントの先に待つものとは？ 321
不動産投資でアーリーリタイアした人が持つ錯覚と誤算とは？ 321
会社勤めで得られる給料以外の価値を知る 324
あなたの人生のピークをどこにもってくるのか？ 330
いちばん大切にするべきものとは 333

序章

あなたの不動産投資、賃貸経営は思うように儲かっていますか？

もしあなたが不動産投資、賃貸経営において、この上なく儲かっているのであれば、これ以上本書を読んでいただく必要はありません。

今すぐ本書を閉じて、今のまま儲かる賃貸経営を続けて下さい。

しかし、もしあなたが「思うように儲かっていない」のであれば、本書を熟読することをお勧めします。

本書を手にとったあなたはラッキーです。

なぜなら本書では、**業者が絶対に口が裂けても言わない「不動産投資の実態」を包み隠さずお話しする**からです。

さらには、あなたが通常では絶対に知り得ない、「リフォーム工事会社の思考や実態」も包み隠さず公開します。

これらを知ることは、「リフォームコスト」を下げる上で非常に重要なポイントになります。

ただし、初めに断っておきますが、普通に書店にならんでいる他の不動産投資関連書籍に載っているような、「不動産投資に関する浅く広い内容」は本書には記載していません。

本書はあくまで賃貸経営で利益を残すために必要不可欠な、「リフォームコスト削減を具体的にどのように進めるか」に特化した内容となります。

東奔西走して「高利回り物件」を探し出し、なんとか融資を付けてやっと購入したが、空室を埋めるための「リフォーム工事費用」が高くて、結局、当初想定した利回りが大きく低下し、リスクを背負っている割には儲からない。あるいはまた、「高額な工事費」をかけて「リフォーム」したものの全く空室が埋まらない、といった悲惨な大家さんは、実は表には出ないだけで、裏ではとてつもなく大勢います。

さらに言えば、不動産は購入すれば、その用途は「貸す」か「売る」か「住む」かのいずれかになりますので、購入後は必ず「商品価値を取り戻すための加工」、即ち「リフォーム工事」が必要になります。

そこで言葉は悪いですが、「工事会社」からぼったくられてしまえば、いくら「高利回り物件」を購入できたとしても「利益」が出るわけがありません。

「リフォーム会社」が儲かって終わりです。
そのため、本書でお伝えする内容は「不動産投資、賃貸経営を事業として既に営んでいる人」だけでなく、「これから不動産投資を志し、現在も物件を血眼になって捜している人」にも必要な、非常に重要な内容となります。

結論から言いますと、**不動産投資、賃貸経営で利益を残すために最も重要なことは、近隣競合物件よりも「良いものを安く作ること」**です。

その理由は、「良いものを安く作ること」ができれば、他の競合物件より「良い部屋を安い家賃で出すことが可能になる」からです。
より正確に言えば、「安く貸しても利益が残る金額で良いものを作ること」が重要なのです。比較の世界である賃貸経営では、「他の物件と比較して」ということが非常に重要となります。

最終的には、「家賃設定」と、「設備」や「間取り」といったその部屋の「コンセプト」と、「狙う入居者層が合致しているか」など、今も昔も賃貸経営で利益を残すための秘訣は変わりません。

日本の人口が減少に転じて賃貸需要の市場のパイが縮小していく中、一方で、近年収入安定化のための具体策として不動産投資が完全に一般化しました。

「猫も杓子も不動産投資」といった、まさに激烈な過当競争下の今、ますます賃貸経営の環境が厳しくなる中で、他の大家さんよりも良いものを安く作り、「この部屋でその値段なら安い」と入居者から選ばれるかどうかが「利益を残すために最も重要」なのです。

私は27歳の時に競売不動産で物件を初めて購入し、賃貸経営を始めました。

当時は、全くの金なしコネなし知識なし、という状態でのスタートでした。まったくのゼロから出発したので、「ゼロから大家」を自称しています。

忘れもしません、初めて購入した「区分所有一室」の大家としてリフォーム工事の「見積」を取るために、初めて多くの「リフォーム業者」と面談しました。そのとき、「リフォーム費用」「工事金額」について「何が妥当なのか?」「いくらでどこまでやればよいのか?」の判断が、素人にはいかに「判断しにくいもの」であるかを思い知りました。

2005年から自身で勉強会を主催し現在の事業基盤となる活動を開始した私は、多くの大家さんと面談する機会に恵まれましたが、面談を重ねていく中で、何と、**「空室大家」だ**

けでなく「満室大家」ですら「儲かっていない」という実態を知ったのです。

そして、その満室大家ですら**「利益が残らない最大の理由」が「リフォームコストを自らコントロールできないことにある」**ということに気づいたのです。

私の物件は、本書を執筆している現在、すでに築26年や築34年、さらには築42年という築古物件が中心ですが、近隣の「新築物件」よりも「2割高い家賃」で貸すことに成功しています。

その理由は簡単です。

「とてつもない高グレードの物件を安い賃料で提供できている」からです。

そのような、「高グレード物件」を作る工事をしても、「低コスト」で工事を施しているため、「家賃を安く設定しても利益がしっかりと残る」のです。

実は巷に存在する「空室対策のノウハウ」などは、「安くて良い部屋」を作ることが出来ればば全く縁遠いものです。なぜなら、「比較の世界」である賃貸経営では、「良くて安い部屋」は勝手に埋まっていくからです。

「仲介業者」へ手土産持参の上で通い倒し、「人間関係」を自ら築く必要もなく、情報さえ伝えておけば向こうから「ぜひ仲介させて下さい。」とお願いされます。

こちらからはお願いしていないのに、勝手に調べてきたエリア外の不動産業者から、「当社でもぜひ扱わせて下さい。」とお願いされたことさえあります。

築20年以上にもかかわらず、空室が出た翌日に次の入居者が決まったこともありました。


「良いものを安く作ること」


これは単なる「小手先の空室対策」ではなく「抜本的な空室対策」となり、さらには「良い入居者層を選べる物件」を安く作り上げることで「滞納」や「トラブル」もなく、退去の際もしっかり「原状回復費用」も頂くことができる、「精神衛生上、非常に楽な賃貸経営の実現」が可能になるのです。

「良いものを安く作ること」ができれば、全てがよい方向に回り出すのです。

私は「宅建業者」でもなければ「建築業者」でもありません。

あくまで全く「異業種から参入」した一不動産投資家であり、一賃貸経営者の立場で本書を書いていることを断っておきます。

つまり、ただの一人の大家でしかないのですが、「自らの賃貸経営」で利益を残すためにとことん研究し、出来ることは全て「自前で運用」できるよう追求してきました。

現在までに、「施工機能」や「建材一次代理店」の機能、「管理会社」の機能を持たせた「機能法人」を、自分の賃貸経営で利益を残すために自前で合計5社設立しました。

あわせて「業界実態」を自らの力で調査し、「課題解決策」を常に研究・実践の上、「自身の賃貸経営で利益を残すためのノウハウ」を、現在も研究し蓄積し続けています。

こうした形は、不動産投資を始めた8年前には予想もしませんでした。

現在のような、全て自前で法人設立し運用する状況になった「最大の理由」は、従来の不動産業界、建築業界特有の「しがらみ」や「商習慣」、また「従来のビジネスモデル」では、その全ての本質において**「大家の利益」と「業者の利益」が「完全に相反」しているこ**とに気付いたからです。

既存の業者へ普通に委託し、「業者任せ」にしていたのでは、「自身の賃貸経営の利益」、即ち「大家さんの真の利益」を残すことができないと判断したからです。

そのため、自らの賃貸経営で利益を残すために建築不動産業に実際に参入し、業者の「思考」と「実態」を把握しながら、数多くの「大家自ら利益を残すためのノウハウ」を研究・開発し、蓄積してきました。

その中でも、本書では自身の賃貸経営で利益を残すために不可欠な「リフォームコスト削減」について、あなたの周りにも普通にいる30代の一人の「ゼロから大家」が実際に行ってきた「具体的なやり方」を、ページが許す限り詳細にわたってあなたにお伝えします。

本書の内容は、私が「築古区分所有マンション」を単なる一オーナーとして購入し経験した「コスト削減実例」をもとに構成されています。

当時は「部材支給」という概念もなかったので、当然「材料支給」もしていないですし、単に「見積依頼」を現地で行い、面談の上で業者を選んだだけです。

つまり、本書は「誰でもできる内容」のつまった「完全ノンフィクション」となります。

また本書では「リフォーム工事コストをどのようにして大幅削減するのか?」にフォーカスしていますが、その本質は**「業者側の心理と思考」を逆手にとり、「コスト削減に合意できる構造を持つ、良心的な業者を効率的に選定する方法」**であるので、本書の内容を熟読したうえで実際に行動を起こせば、賃貸経営上発生する「あらゆる支出」に対しての「コスト削減」に応用ができます。

本書は「賃貸経営を営むものにとって一生使えるノウハウ」となり、実行すれば確実にあなたの血と肉と必ずなるでしょう。（断言します！）

実際に本書のノウハウを、そのまま活用した愛知県春日井市のサラリーマン大家さんが、北海道と仙台に所有している物件の「外壁塗装工事」の見積金額を「１５００万円」から「４５０万」へと、総額▲１０００万円以上の大幅削減に成功されています。また、東京都大田区の女性の大家さんが、毎月支払う物件の「管理費用」や「清掃コスト」を月額▲50万円以上も削減されています。

このように、本書のノウハウを活用し、コスト削減を実践した方々から、「成功報告」が相次いで届いているのです。

今回本書を書籍化するに当たり、取引先の工務店や建築工事業者から「工事会社が損をするような話を大家さんに広めるのは勘弁してほしい」と散々言われました。また以前から「建材メーカー」や「代理店」からもずっと同じことを言われ続けています。しかし、遂にその日がやってきました。

「知る者が得をし、知らない者が損をする」

その「知識格差」が「手元に残る金額」となって如実に表れる賃貸経営において、本書で取り上げる「リフォーム工事」もまた「誰かが得をすれば誰かが損をする」ものであり、今までは何も知らない大家さんが一人で損をしてきたということなのです。

空室が社会問題化する「2015年」を目前に控え、この「リフォームコスト削減」という「賃貸経営で利益を残すための本質」を、具体的に実践する術を公開することで「破綻大家さん」が一人でも減る一助となればと思います。

なぜなら、本質さえつかめば、賃貸経営ほど、「競争相手」が弱く、利益が確実に残る簡単な商売はないのですから。まさに、「修繕を制する者、収益を制する」のです。

ようこそ、

「高利回り物件」を自ら作り出す不動産投資、

利益の残る賃貸経営の世界へ。

小林大祐

第１章 なぜあなたの不動産投資、賃貸経営は儲からないのか？

●世の中そんなに甘くない⁉　不労所得の理想と現実

▼「不動産投資で経済的自由を手に入れる！」
▼「ゼロから●億円稼いだ！　素人からでもできる不動産投資法」
▼「絶対物件購入、成功する●●投資法！」等々

今日もネット上では、さも「経済的自由を手に入れるための具体的な方法」は「不動産投資が一番」だと言わんばかりの〝きらびやかな美辞麗句〟が躍ります。

年金等の社会保障システムが先行き不透明な中、また、景気回復の光明も見えず、年々収入が減少傾向にある今、全国のサラリーマンたちへ「不労所得」という言葉の「甘い誘惑」は

着々と忍び寄っています。

「不動産投資」は私が始めた2005年頃に比べ、完全に一般化しました。

ですが、結論から申し上げますと、残念ながら不動産投資、賃貸経営において、**「98％の大家さん」が儲かっていません。**

その理由を一言で言うと、ほとんどの方が「業者に食い物にされている」という現実があるからです。

その理由は何だと思いますか？

さらに誤解や非難を恐れずに「不動産投資の実態」をお話しするならば、「不動産投資」は残念ながら「不労所得」ではありません。

いや、もう少し正確に申し上げますと、「利益が残る不動産投資、賃貸経営」の実態は、「不労所得」＝「働かずして所得を得られるもの」ではありません。

もし「不労所得」という言葉にひかれて「不動産投資」を始めようとされている方は、本書の冒頭で申し上げますが、やめておいた方がいいと思います。

なぜなら「何もせずに儲かる」のであればみんなやっていますし、そもそも、あなたに不動産を紹介している営業マンもいい物件があれば自分で購入し、あなたに営業することはないでしょう。

ぜひ仲介業者の営業マンに聞いてみてください。

「あなたは買わないいんですか？」と。

また「不動産投資、賃貸経営」と、ここまでひとくくりに言っていますが、厳密に言うと「不動産投資」と「賃貸経営」は全く違います。

「不動産投資」＝「投資」

投資とは、手元資金を元に、事前に「リスク」と「リターン」を分析し、「専門領域のプロ」を適宜活用して、元手を利殖していく。これが「不動産投資」です。一方で、

「賃貸経営」＝「経営」

こちらは「事業投資」であり、自身で関与し、「リターン」を向上させたり、「リスク」を

「最小化」することができる。これを「賃貸経営」といいます。

もしあなたが「経営者」として「賃貸経営」に携わる覚悟があり、自身で「あらゆる尽力」と「リスクコントロールの努力」をした上で、「リスクを最小化」し「リターンを最大化」するために「自ら行動」できるのであれば、「賃貸経営を利益が出る事業」にすることは可能だと思います。

しかし、もし前者の「不動産投資」で「不労所得」を得たいとお考えであれば、残念ながら「あなたが背負うリスク」に対して「得られるリターン」はそれほど多くなく、結局「周りにいる業者たち」に利益を吸われて終わりです。

残念ながらこれが現実です。

しかし前述したように、「やり方次第」で不動産投資、賃貸経営で利益を残すことは可能です。

もしあなたが「賢い賃貸経営」を実現したいのであれば、その「実態」を事前に、正しく理解することが不可欠です。その実態を理解した上で「リスク」を「コントロール」できるよう能動的に努力すればよいのです。

「不動産投資の実態」を詳しく聞きたいですか？

ではこれから実際にあった事例を、詳しくお話しすることにしましょう。

これから不動産投資を始めたいという方は一字一句漏らさず熟読してください。全て私が関わった大家さんから伺った、本当にあった怖い話です。

●あなたは間違いだらけの不動産投資をしていませんか？

「不動産投資」が一般化した今、書店には非常に多くの「不動産投資関連書籍」が書棚に並び、またネット上には「不動産投資を推奨するコンテンツ」が氾濫しています。

▼「不動産を購入するためには●●すべき」

▼「●●すれば融資が満額付く」

▼「空室を埋めるためには●●が効果的」

その中身は、「市況が良かった時期」のものや、そのような「投資手法」を「資金的余裕がない方」がしたらその瞬間に破綻するようなもの等、まさに「玉石混淆」です。

そもそも投資を行う方自身の「属性」や「リスク許容度」がものを言う「不動産投資」の世界において、そのまま「鵜呑み」にするには「非常に危険な内容」から、あまりに初歩的な内容の「体験談的なもの」まで、あらゆるレベルの不動産投資関連の情報に簡単にアクセスできるようになりました。

またその一方で、「不動産投資関連書籍」や「コンテンツ」が広く氾濫することにより、冒頭に申し上げた、近年の「不動産投資の一般化」をもたらしたのも事実です。

確実に「不動産投資の裾野」が広がった今、そのような「書籍」を読み漁ったり、不動産販売業者主催の「物件を売るための無料セミナー」へ行って、「業者に都合のいい知識しか得ていない状態」で「不動産投資を理解したつもり」になっている大家さんが、残念ながらかなりいらっしゃいます。

安易に「不動産投資」を始める「新規参入大家さん」のなかには、怖いことに「不動産投資の良い面」のみを見聞きして、「事前に理解するべきリスクの詳細や実態」を全く知らないまま、数千万あるいは場合により数億円の借入を背負ってしまい、購入直後から「首が回らなくなる大家さん」が非常に多くいらっしゃるのが実態です。

確かに、巷にあふれる「不動産投資関連書籍」で、多くの情報を入手できるようになりました。しかし、「利益を残すために最も重要な本質」に触れた書籍は、残念ながら今のところありません。

ここで質問です。

あなたは、「不動産投資」で「最も重要なこと」は何だかわかりますか？

「物件を購入するためのノウハウ」ですか？

「融資を満額引くためのノウハウ」ですか？

それとも、

「空室を埋めるノウハウ」ですか？

答えをお伝えします。

それは「投資戦略」です。

全ては「投資戦略」、つまり、「投資のスパン」が長い「不動産投資」で「利益を残すために重要なこと」は、購入してから「10年、20年」にわたって、「収入」と「支出」を「計画的にコントロール」するための**「中長期的」かつ「俯瞰的」な「投資戦略」が最も重要**なのです。

しかし、ほとんどの大家さんが、その「中長期的な投資計画」が甘かったり、また、「とにかく1棟買いたい」とそもそも、そのような「中長期的な投資計画」をまったく持たずに、「不動産投資」を不動産仲介業者から勧められるがままに始める方が大部分です。

そしてしばらくすると空室が目立ち、経営が立ちゆかなくなります。

恐ろしいことに、「始める前に知るべき内容」を知らずに、「数千万」、時には**「数億円単位」で安易に「借入リスク」を背負って参入する方が驚くほど多い**のです。

わたしの元には、そのような方から相談が数多く寄せられます。

なぜそのような危険なことになるかわかりますか？

その理由は、

「不動産投資に関して、始める前に、本当に必要な情報や考え方、そして、それらの今後起こり得る事象やリスクに対しての対処方法を、業者は誰も教えてくれない」からです。

なぜって？

事前に不動産投資、賃貸経営に関する「リスク」の詳細や「実態」の話などをしてしまえば、誰も「不動産投資」なんてやらないからです。

建築業者や仲介業者の営業マンはそれを知っています。

「不動産投資、賃貸経営で利益を残すこと」が、どれほど難しいものなのかをよく知っているから、だから自分でもやらないし、良いことしか言わないのです。

建築会社は「１円でも高く建築契約を請け負うこと」が仕事であり、不動産仲介業者は「１件でも多くの不動産を売買し仲介手数料を得ること」が仕事、即ち「生きてゆく術」なのです。

しかも彼ら、建築業者や仲介業者は、建てて「建築費用」をもらえば終わり、仲介して不動産を販売し「仲介手数料」をもらえば終わり、つまり「売ったら最後」ですが、「賃貸経営者」となったあなたは「10年、20年」、新築の場合なら「35年ローン」と、何十年もの「借入リスク」が付きまとうのです。

さらにはその何十年もの間に、あなたの購入した物件のまわりに続々と、より新しく、そして設備がよくて、かっこいい物件が、あなたの物件より安い賃料で、とてつもない勢いで毎年供給されていくのです。

そして空室が目立ち始め、埋まらなくなって家賃を下げることになるのですが、それでも簡単には埋まらなくなり、結局、当初想定していたのとは大きく違って、「背負ったリスクの割に儲からない」状況になるのです。

話を「投資戦略」に戻しましょう。

仮に、あなたがしっかりと事前に勉強し「投資戦略」を組み立てていたとします。しかし怖いことに不動産投資では、その「中長期的な収支計画」を狂わす「大きな要因」があるのです。

何だかわかりますか?

それが「リフォーム工事費用」です。

「不動産」は購入後、その用途は確実に次のいずれかとなります。

▼「売る」
▼「貸す」
▼「住む」

その用途に至る途中経過において、商品価値を取り戻すための「加工」、即ち「リフォーム工事」が確実に入ります。

より厳密に言いますと、「賃貸経営」においては「入退去ごとに発生するリフォーム工事費用」が確実に発生し、そして何よりも、「建物の寿命」を維持するための「大規模修繕工事費用」（外壁塗装・防水工事）が、「10年単位」で確実に必要となります。そして、普通の「一般的な大家さん」では、これらの工事が「簡単にはコントロールできない」のです。

何の「投資戦略」もなく、浅い知識で「不動産経営」に参入した「新規参入大家さん」の多くが、購入した直後に実は「数千万単位」で費用が発生する「大規模修繕工事」が必要だという事実を知らされた、また退去のたびの「原状回復費用」がこれほどまでに収支を圧迫するとは思わなかった、さらには「何の変哲もない普通の部屋」で築年数を経てからは、思ったように空室が埋まらないので家賃がどんどん下落していく、などの事態に直面することになります。「数千万単位の借金」をした挙句、当初思い描いていたほどの利益が出ない、リスクが大きい割にはお金が残らない、という「新規参入大家さん」が、あなたが知らない所で実はとてつもない勢いで増殖しているのです。

世間一般の「不動産投資の進め方」、即ち**「不動産投資のリスク部分」の「詳細と実態」を知らずに始めることは極めて危険**であり、またその「解決方法」すら知らないまま、不動産投資を「収入安定化」や「資産構築」の手段としてとらえる**現在の「不動産投資の進め方」は、まったくの間違いだらけ**なのです。

業者は誰も本当のことを、賃貸経営、不動産投資に参入する前に言ってくれません。不動産投資を始める前に「備えるべきリスク」の「詳細」とその「実態」を包み隠さず、「いい面」も「悪い面」も含めて教えてくれたりはしないのです。「いい面」しか教えてくれないため、

「悲惨な運命」をたどる大家さんが後を絶たないのです。

まさに現在の日本の「不動産投資の実態」は、「間違いだらけ」という表現がぴったりです。

そんな「不動産投資の実態」をまず知った上で、本当に不動産投資に参入するかどうかを判断してください。

●大家を取り巻く業者たち〝自称プロ〟の本性とは？

浅い知識だけで、何の「投資戦略」もなく、「不動産投資」の良い面しか知らないまま新規参入し、「数千万円」、場合によっては「数億円」の借入リスクを負ってしまう。一歩間違えば「即破綻」するような、「間違いだらけの不動産投資」ばかりで、誰も「正しいこと」、「想定しうるリスク」を正確に、また詳細に教えてくれない状態。

なぜそのようなことが起こるのか、あなたはわかりますか？

より「本質的な答え」をお伝えしましょう。

それは大家さんと、賃貸経営、不動産投資に関わる業者との「利益」が「相反」しているからです。

「大家さんの利益が残る」ということは、「業者の利益が減る」ということ。
「業者の利益が残る」ということは、「大家さんの利益が減る」ということ。

現在の日本の建築不動産業界は、この構図が高度経済成長期からずっと機能し、今も完全に成り立っているのです。

賃貸経営で利益を残すためには、大家さんと業者の「利益相反の実態」を知ることが非常に重要です。

その恐るべき業者の「実態」を、彼らの「思考原理」も交えた「不動産投資を取り巻く業者の真実」を、あなたにお伝えすることにしましょう。

●家賃が下がろうが何も困らない！　賃貸仲介業者のビジネスモデル

あなたが物件を購入したとして、「収入の源泉」である家賃を得るための「家賃設定の相談」は誰にしますか？

「それは仲介業者に決まってるだろう。」

そう思われたあなた、残念ながら不正解です。

「仲介業者」へ、何も考えず家賃設定を相談しているようでは、絶対に利益は残りません。

そのカラクリをご説明しましょう。

仲介業者は確かに「客付け」を生業としていますから、物件を探す入居希望者を集客し、大家さんから依頼を受けた「空室」を客付けすることに関しては「プロ」です。

しかし残念ながら、彼らは賃貸経営者ではありませんので、何も考えずに仲介業者に物件募集の依頼をすると、確実にあなたは損をします。

それはなぜか？

結論から先にお話ししますと、彼ら「賃貸仲介業者」は全て「成功報酬」だからです。

仲介業者のビジネスモデルはこうです（図①）。

家主さんから「空室の入居客付依頼」を受け、「入居希望者」を空室へ案内し、その「入居希望者」がその空室を気にいれば、晴れて「賃貸契約」を大家さんと入居者が結び、入居するという流れです。

まさに「仲介業者」、読んで字のごとくですね。

そこでの仲介業者の報酬は、

▼「大家さんから1カ月分」＝報酬A
▼「入居者さんから1カ月分」＝報酬B

わかりやすく言うとこうなっています。(図は簡素化されています。通常管理会社が間に入る場合もあります。)

例えば、大家さんが「2LDK」の空室1室の「家賃8万円」で募集を希望したとします。

仮に「家賃8万円」は市場の「相場金額」だったとします。

大家さんは事前にインターネットで自分の「物件所在エリア」を調査し、根拠を持って「8万円で募集してほしい」とお願いしたとします。

すると仲介業者は、

【仲介業者】「いや〜大家さん、相場は7万5000円なんですよ〜、8万円じゃ決まらないですよ。」

①仲介業者のビジネスモデル

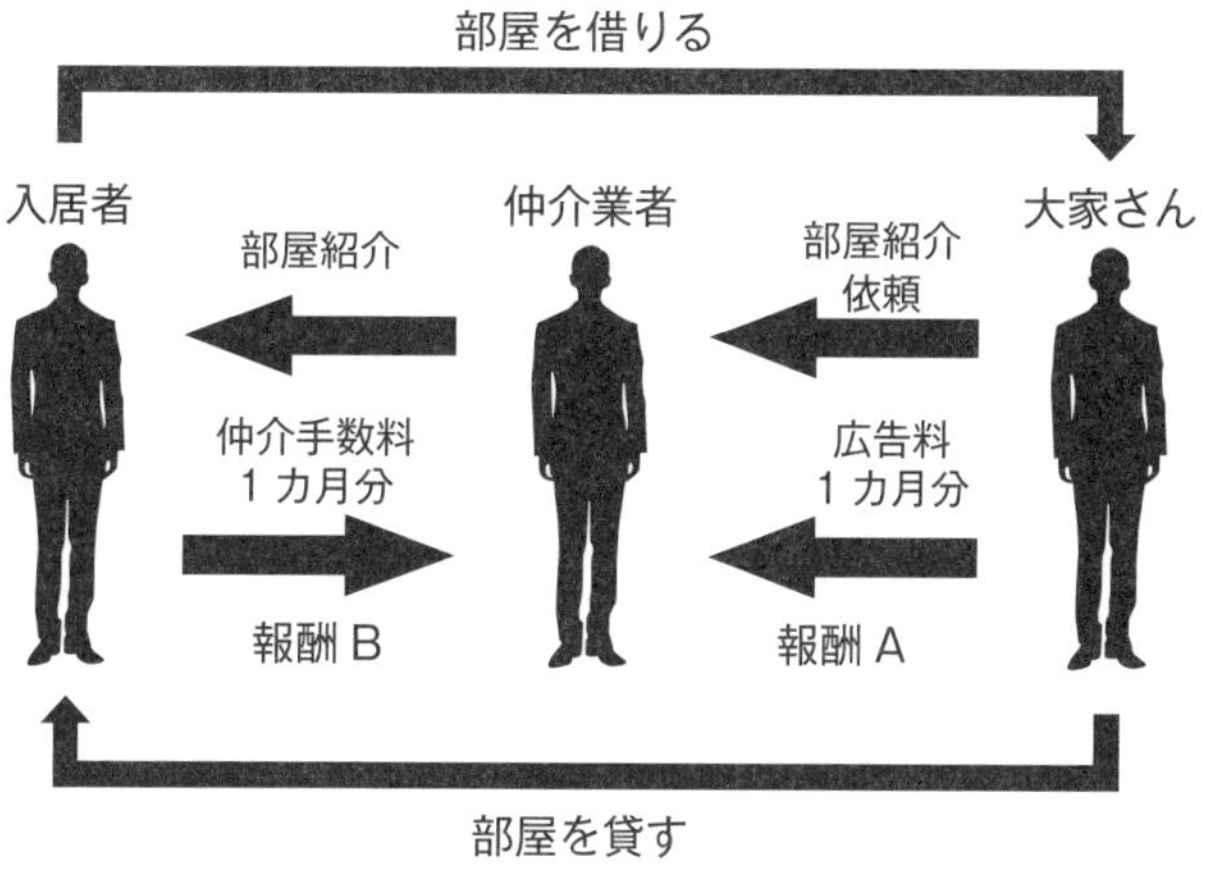

【仲介業者】「う〜ん、システムキッチンが入っていればね〜、でもこの設備と築年数では決まりませんよ〜。」

などと言い、普通の大家さんは、

【大家】「そんなものかなぁ〜、決めてもらわないと困るので、しょうがないなぁ〜、じゃあ7万5000円でお願いします。」

と丸め込まれ、「本来貸すことができる家賃」よりも「安い家賃」で「募集依頼」をかけることになります。

その「仲介業者の思考原理」はこうです。

【仲介業者】「いくら手間かけて仲介をしても、結局成約しなくては仲介手数料も広告料も1円ももらえないよ。だったら大家さんに泣いてもらって家賃を下げてもらってでも成約すべきだな。大家さんは何も知らないし、よし、2割引きで言ってみよう。」

となるのです。

彼らは「賃貸経営者」ではなく、仲介をすれば「成功報酬」が発生するビジネスモデルのため、その大家さんに「利益」が残るか否かは、全く関係ないのです。

そのため、家賃設定を何も考えずに仲介業者へ相談するなどということは、「どうぞあなたが手間無く儲けやすい家賃設定で好きにしてください。」と言っているようなものです。

「賃料設定」は、あなた自身がしっかりと「相場の家賃」をリサーチし、自身で調べた上で、複数の仲介業者へ「ヒアリング」した上での妥当な賃料ラインを見つけだす必要があります。

もしそのようなことがあなた自身でできなければ、確実に不動産投資、賃貸経営で利益は残らないでしょう。

既に全国に「10万戸以上の空室」がある「過剰供給下の日本」において、「収入安定化」の施策として業者の勧めるがまま、安易に不動産投資、賃貸経営に参入し、何も考えずに「仲介業者のいいなり」になる大家さんが増殖しており、そのような状況下でますます「市場の家賃」は下落していきます。

家賃が下落し、価格帯が安くなると、「入居者の質」が低下します。

「入居者の質が低下」すると、「良い入居者」と比べて**「賃貸経営のリスク」が「加速度的に増加」**し、また手間も増えます。

賃貸経営のリスクとは、

▼「家賃滞納のリスク」
▼「原状回復費用負担のリスク」
▼「不法占有のリスク」

の3つです。（ここではインカムゲイン前提の不動産投資を想定しています。）

もしあなたの物件に「不良入居者」が入居し、「家賃滞納」した挙句、「立ち退き訴訟」まで事がもつれた場合、いくらの費用がかかるか、あなたはわかりますか？

たった1室、家賃5万から10万程度の部屋でも、「訴訟費用」「立ち退き費用」「不良入居者の引越代」「次の部屋の入居費用」など、うまくいって数十万、話がこじれたら合計100万円単位、場合によってはそれ以上の出費になるのです。

「家賃を下げ、入居者の質を下げて募集すること」で、そのような大家さんの**「費用負担リスク」が「飛躍的に増加」**するのです。

もし、たった「数万円」の家賃で「数百万」の費用を払っていたら、その不良入居者に何十カ月もタダで貸しているのと同然です。

そこで理解すべき点は、家賃を下げて、無理やり空室を埋めて、「入居者の質の低下」をしたとしても、仲介業者は「成功報酬」のため、入居者と大家さんから「成功報酬」を受け取りますが、「入居後のトラブル」や「退去時に発生」する「費用負担リスク」を背負って困るのは「大家さん」であるということなのです。

「仲介業者」は「成功報酬」ですから、仲介して大家さんから「広告料」を、借主からは「仲介手数料」をもらって終わりです。家賃をいくら下げようが、万が一、入居者が不良入居者で「訴訟」になろうが「滞納」があろうが、まったく関係ないのです。

これが「仲介業者」の思考の実態です。

このような「成功報酬」は仲介業者だけではありません。

「管理会社」も同じです。

次に管理会社の事例を見てみましょう。

●大家の利益をいっさい考えない！　勝手に値下げもする管理会社

管理会社のビジネスモデルは、大家さんから賃貸経営にまつわる日々の業務を「管理委託契約」に基づき委託を受けて、「回覧板」を回すような些細な雑用から「入退去の立会」「清掃」まで、さまざま行います。賃貸経営の規模と所有物件の所在範囲が広くなればなるほど、なくてはならない業種です。

しかしその管理会社も、仮に預かっている物件が空室の場合、その部屋の「管理料」を取ることはできないので、とにかく入居者を入れることを優先します。家賃を下げて、大家さんの収支をいくら圧迫しようとも、「不良入居者」が入ろうとも、もめた時の「費用」と「責任」、即ち「リスクは全て大家持ち」のビジネスモデルですから、管理会社は全くもって痛くもかゆくもないのです。つまり、その「思考原理」は「仲介業者と変わらない」のです。

以前、とんでもない管理会社がいました。

三重県のある大家さんから「大規模修繕工事コスト削減」の相談があった時のことです。その大家さんはご高齢で女性の大家さんでした。

その大家さんは一つの敷地内に「ファミリータイプ2DK」の物件と「シングルタイプ1K」の物件の2棟をお持ちで、元々「自主管理」でしたが、地元の管理会社の存在を知り管理委託を始めたそうです。

しかしこの「管理会社」へ「管理委託」を始めてからというもの、「とんでもない状況」になってしまったのです。

その状況とは、何と、管理会社が家賃を勝手に下げて大家の了承もないまま「客付け」してしまうのです。

「シングルタイプ1K」の家賃が、その管理会社へ委託する前は「家賃5万円程度」であったのが、客付けするたびに管理会社から、

【管理会社】「Mさんの物件は古いので家賃を下げないと決まらないんですよ、家賃を下げて初めて土俵に乗るんですよ！」

等と言われ、どんどん家賃は下落し、その管理会社へ管理委託してたった1年足らずで、何と最終的に「１Ｋ３万８０００円」になってしまったのです。

さらに驚くべきことに、同一敷地の「ファミリータイプ２ＤＫ」の最低家賃が、元々「平均６万５０００円程度」だったものを、何と「シングルタイプ１Ｋ」と同じ「３万８０００円」で客付けしてしまったのです。

この話を聞いた時には、さすがに私も「業界のレベルの低さ」に唖然としてしまいました。「同一敷地内」、同一築年数の「ファミリータイプ」と「シングルタイプ」の家賃が、「同じ値段」だなんてありえません。

その大家さんのお話によると、大家さんが「家賃は値下げしない。●万円以上でないと貸せない。」と伝えているのに、管理会社は一向に言うことを聞かず、

【管理会社】「大家さん、相場が下がっているんですよ。こんな築年数と設備であれば５０００

円下げて下さい。そうでないと決まりません。」

と「安易な値引き」を毎回大家さんに対して要求し、最終的に優柔不断な大家さんを押し切って、そのような「ファミリー物件」と「シングル物件」が同じ「3万8000円」という「尋常ではない状況」になってしまっていたのです。

確かに、その大家さんがご高齢の女性であり、どちらかというと優柔不断である、という点で、賃貸経営に関して不動産業者や管理業者から多少甘くみられる要素も残念ながら事実としてあったかもしれません。ですが、このような「尋常でない値引き」を当たり前のように突きつけ、家賃の下落を平然と起こした管理業者には、「大家の利益」を考える姿勢など微塵も感じられませんでした。

最終的に私は、この大家さんの物件の「大規模修繕工事」をお手伝いさせて頂き、工事コストを当初の見積から半額にした上で、従来の家賃の「3割以上アップ」で客付けすることができました。

●需要がなくてもいい！　生きていくために建てるしかない建築業者

次は建築業者です。こんな話もありました。

ある関東地方の郊外エリア、そのエリアは「空室率」が「30％」を超える、いわゆる「過剰供給エリア」です。

そもそも、そのエリアで「空室率」が「30％」を超えているという情報を掴んでいる場合、私なら「賃貸住宅の建築」は絶対に勧めません。

売却して資産の組み換え等を提案するか、もし土地を手放すことに抵抗があるのであれば別の方法を検討し提案します。

しかし、ある建築業者は、その大家さんに対して、その事実を伝えずに、「満室継続」「礼金収入あり」「更新料収入あり」を並べ立てた、極めて実現性の低い「収支計画」を提案し、

▼「節税になります」
▼「安定収入になります」
▼「子孫への資産になります」

と美辞麗句を唱え、建築の提案を夜討ち朝駆けで提案しました。

結果的に、その大家さんは営業マンのねばりに根負けして提案を受け入れて、この過剰供給

エリアで賃貸住宅の建築に着工してしまいます。

そして数カ月後、建物は無事竣工するのですが、案の定、竣工したにもかかわらず、ほとんど空室が埋まらず、「空室」が「70％」という状況で「空室対策」の相談に建築業者自らが来られたのです。

その時、建築業者の担当者は「私たちは建てるのが仕事ですから」とはっきり言っていました。この言葉の裏側には、

「たとえ需要がなかったとしても、私たち建築会社は建てることでしか利益を頂けないため、長期的に見て地主さんを苦しめたとしても仕方がないのです。」

とはっきり言っているのと同じです。

不幸にもそのエリアで賃貸物件を建てたその大家さんは、最も競争力ある「新築」の時期ですら「空室率70％」で経営せざるを得ず、「1億円以上の借金」を35年間近く抱え、これから急激に「下落する家賃」と「老朽化していく建物」をかかえ、新築で、その物件よりも設備がよくて安い競合物件が毎年供給されるが賃貸需要が少ない「激戦エリア」で、一生空室や借入れ金利の上昇リスクなどの気苦労と付きあうことになってしまうのです。

●「家賃保証」は本当に安心？　ハウスメーカーの収益構造はこうなっている

あるハウスメーカーの凄い話をしましょう。

ある超有名な「ハウスメーカー」のお話です。そのメーカーは「アイドル」を起用してＣＭをバンバン打って、「家賃保証」もしっかり行い、また「建材メーカー」を買収し、「仲介店舗」も直営、ＦＣ含めて全国に数多くもつ「超有名ハウスメーカー」での話です。

よくある「家賃保証で安心」「企業規模が信頼」という戦略を取っている会社です。しかし、そのようなカラクリにだまされる大家さんも、今では大家さんの2代目3代目への世代交代のせいか、かなり少なくなってきました。

これはサブリースをメインとした「ハウスメーカー」の賃貸住宅着工件数の減少に如実に表れています。

「家賃保証」のカラクリはいうまでもなく、「建築コスト」にがっちり「家賃保証」をする時のための「原資が利益として乗っている」という点と、「30年一括借り上げ」とはいいますが、2年ごとに「市場価格の最低家賃から20％割引いた金額で契約をし直す」という契約になっている点にあります。

形としては「一括借り上げ」ではあるものの、実質の「借り上げ家賃」は市場の価格の「2割引き」に設定され、また「市場の家賃相場の価格変動に応じて連動して改定する内容」となっているため、「ハウスメーカー」に「絶対に利益が残る」仕組みになっているのです。

つまり、「30年一括借り上げ」は、「ハウスメーカー」には確実に利益が残りますが、大家さんにとっては「利益が残るはずもない仕組み」なのです。

その「ハウスメーカー」は「鉄骨」が得意の会社で、標準的な商品は「鉄骨造」「2LDK」「1棟6室」のアパートがメイン商品です。そのアパート1棟の建築費用が大体「1棟6000万円」の販売価格が主流の会社です。

ここまではよくある話なのですが、ここからが驚くべき話です。

その会社の内部の方から伺った話ですが、その「1棟6000万円」の鉄骨アパートを販売すると営業マンには「コミッション」が入ります。この「コミッション」、あなたはいくらだと思いますか?

何と、1棟販売すると「1500万円」もらえるそうです。

「6000万円」のうち「1500万円」を営業マンに払うことができるということは、果たして原価はいくらなのか?

内部の方の話によりますと、その企業の売上規模は約1000億円程度、その「売上構成」

のうち、テレビCMをバンバン打っている全国津々浦々に数百店舗ある「仲介店」の売上比率がなんと、たった「2％」だそうです。

逆に言えば、「98％」が建築売上で、それほど「建築売上」のインパクトが大きいということですね。

しかも、その会社の本社には「ヘリポート」があり、有名な建築家が設計したとてつもない規模の本社ビルを所有しています。また、全国の主要都市部には一等地に事務所があり、社員数も5000人を超える大企業なのですが、それらの「企業維持コスト」を全て引いたとしても、「税引き前利益」で「粗利」が「30％」、「税引き後」でも「15％」残るという、「とてつもない利益体質」なのです。

これは裏を返せば「6000万円」のアパートの「原価」が「販売価格の数分の一」であるということを証明しています。

●地主、家主は羨ましい？　やられっぱなしの悲惨な末路

こんなこともありました。ある「相続大家さん」からの相談です。

岐阜県の新興住宅地、もともとは代々農家の大家さんの話です。その大家さんご一家は15年

前に建築会社の提案で、所有していた田んぼに「RC造」の「3DKファミリータイプ」と「1Kシングルタイプ」のマンションの、「合計2棟」を建築しました。建築費用は総額5億近く、相続する予定の娘さんと所有者である大家さんのお二人で「何をどのように改善していいのかわからない。」と相談に来られました。

その賃貸経営の内情は厳しく、昨今の空室率の増加から、まだ「築15年」にもかかわらず「空室率」は「30％」を超えていました。

とにかく「資金繰りが苦しい」というので、3年分の「確定申告書」「借入返済一覧」など一通りの「決算関係資料」と、管理会社との「契約書」、入居者との「賃貸契約書」、過去に業者から提示された「見積」など、全ての書類を事前にお送りいただき目を通しました。

すると、毎年数千万円程度の収入があり、築15年ですから、どう考えても手元に「数億円の貯金」がないとおかしいのですが、その大家さんご一家は「貯金がない」「資金繰りが苦しい」と言うのです。

ご一家は決して派手な暮らしぶりではなく、非常に堅実で、今でも一部の畑を耕し、利益が出ない農業でも、勤め先の給与で生活をしながら、手間暇かけて代々続いている農家を守っていくという考えをお持ちでした。

確定申告書、決算書、借入一覧、そして過去の業者からの「大規模修繕工事見積」や「原状回復工事費用見積」に目を通し、そして「管理会社とのやりとり」を聞けば、大体何が問題か判ります。問題の要因とは何か？

結論から言いますと、

▼「建てた時の建築コストが高い」
▼「借入金利が高く元利合わせた借入金支払い比率が高い」
▼「管理費が管理内容の割に高い」
▼「退去のたびの原状回復費用が高い」
▼「大規模修繕費用が高い」

の5つです。

この大家さんは「5つのポイント全てに問題があること」はわかったのですが、さらに悪いことに、自ら代々の土地を「担保提供」し、「5億円近くの借入リスク」を背負いながらも手元にほとんどお金が残らないという状況でした。

さらに追い打ちをかけるかのごとく、所得に対しての税金が「数百万単位」でしっかり請求が来るため、その「税金の支払い」が滞りがちだというのです。その滞納しがちの税金は、娘さんご一家が後を継ぐということで、勤め先から得ている給与の中から捻出し、「何とか破綻せずにもちこたえている」という状況でした。

築15年、「借入期間」は35年、まだ借入残高も「何億円」もあるのに「空室率」は上昇し、手元にお金が残らない上に「税金」までがっちり請求がきて、「首が回らない状態」だったのです。

私は決算書、確定申告書を元に、現状なぜキャッシュが手元に残っていないのか、「推察できる内容」をかみ砕いてお話ししました。

賃貸経営者に関わる「税金の仕組み」「減価償却の仕組み」、そして、その「減価償却」の「設備部分」が終了し、「デットクロス」と呼ばれる状態の到来等、「なぜ手元に数億円の貯金がたまっていないのか」を一つ一つ順をおってお話ししました。

するとお母様は「そんなこと、誰も教えてくれなかった。」とその場で泣き崩れてしまいました。

土地を相続してしまったがために成り行きで建物を建てて「建築業者」にぼられ、空室が多くなって「リフォーム業者」からぼられる。まさに「土地」を相続してしまっただけでその人の人生が狂うという状況がそこにあったのです。

「そんなことなら相続資産なんかいらなかった」と娘さんもその場で泣き崩れてしまいました。

大家さんの周りには、**「自分の利益」しか考えない「自称プロ」の、とんでもないやからばかりがうようよしている、**それが「日本の不動産投資、賃貸経営の実態」なのです。

●購入前に要注意！　新築、中古物件の「収支計画」に潜む3つの罠

建築会社が地主さんへ賃貸経営の提案をする際に、必ず提出される「収支計画」、実はこの資料一つとっても、業者が「自分のことしか考えていないこと」が手に取るようによくわかります。

私は全国津々浦々、かなりの数の大家さんから「新築案件の是非」の相談を受け、数多くの「収支計画」を分析評価しています。

建築会社からの提案資料と、この「収支計画」を見ることにより、「この建築会社と組むべきかどうか」が簡単にわかります。

あなたが見るべき点は以下の3点、

▼「家賃下落や礼金、更新料収入の下落が織り込まれているかどうか」
▼「空室がしっかり織り込まれているかどうか」
▼「大規模修繕工事費用が余裕を持って織り込まれているかどうか」（防水・外壁・設備等）

です。

家賃や礼金は、建物の築年数が進むにつれて「下落幅」が大きくなっていなければいけませんし、空室率は当然上がっていくものです。

また、大規模修繕工事費用は、「10年単位」で建物の規模により「妥当な費用」を見込んでいなくてはいけません。

そもそも、これらを妥当な金額で織り込んでいない「収支計画」を提示するような建築会社は「１００％危険」です。

建築会社は「建物」を熟知しています。

建物が建てた瞬間から刻々と劣化し、5年、10年単位で確実に「数百万単位」、規模によっては「数千万円単位」の「大規模修繕工事費用」が発生することを、当然ながら知っているのです。

さらに、彼ら「建築会社」はそのエリア、その地域のビジネスです。

毎年新築物件をその近隣エリア内で建てているので、「家賃が下落すること」も、当然のことながら理解しています。

人口減少の今、日本ではどの地域に行っても、建てれば建てるほど過剰供給になるのです。

即ち、「家賃が確実に下落していく」ということです。

さらに言うと「当初の予定と違うじゃないか！」と、いつも「過去に建築した大家さん」から「クレーム」を受けているので、絶対にその市場の家賃下落の実態は知っています。


知っているのに言わないのは、なぜか？

それは、言ってしまったら建物が建たなくなるからです。


彼らは建物を建て続けなくては生きてはいけません。

賃貸住宅の需要があろうが無かろうが、建物を建て続けるのです。


もし建物の受注がなくなったらその瞬間に、その建築会社は倒産してしまうのです。

それが建築会社の宿命です。

この「収支計画」に潜む3つの大きな罠は、建物を建てて「5年」「10年」してから、大家さんはその「罠」ととてつもない「痛み」に初めて直面し、当初の「収支計画が甘かった」ということが判明するのです。

「新築」や、築年数の浅い間は、これらの「罠」や「リスク」が、「全くもって見えない」、しかし**「築年数が10年～15年くらいになってからそれらのリスクが正体を現す」**という点が、賃貸経営、不動産投資は怖いのです。

しかも、賃貸経営を始める前に、これらの「リスクの実態」は誰も教えてくれません。

なぜなら、そのようなことを始める前に、地主さんに伝えてしまえば誰も賃貸経営など始めないため、建物が建たなくなり、建築会社は生きていくことができなくなるからです。

建築会社から出された「提案資料」、そして「収支計画」を、絶対に鵜呑みにしてはなりません。しっかりとあなた自身が勉強して判断できるようになってからでなければ、決して賃貸物件など建ててはいけないのです。

●時代は完全に変わった！ 過当競争時代の大家の悩みと苦しみ

本書を読まれる方は大きく分けて、

▼「これから大家さん」
▼「自ら大家さん」
▼「先代から大家さん」

の3つに分かれると思いますが、特に「先代から大家さん」の方は間違いなく「良い時代」もありました。

それは「高度経済成長期」に賃貸経営を営んだ方々の時代、この時代の大家さんは、間違いなく手間無く利益が出たと思います。

なぜなら日本の国自体が、「国家戦略」として国民のために「良質な住宅の供給」を目標に掲げていたからです。

即ち、住宅が足りなかったのです。「供給」が少なく、「需要」が大きかった訳ですから、当然ですが大家さんは建てれば儲かったわけです。

人口も毎年増加し、働けば働くほど「所得」が毎年上昇する、「大量生産大量消費」という

「時代背景」に乗り、地主さんはほっておいても満室になり、「礼金」や「敷金」をしっかり取ることができるような「余裕の賃貸経営」をかつては営んでいたのです。

しかし現在は違います。

２００6年を境に人口は減少傾向に転じ、全国で空室は20万戸を超えると言われています。完全に「過剰供給」になっているのです。


当然ながら、「家賃」は下落し、「空室率」は増加します。

時代は「成長後退局面」「供給過剰の時代」へと変わっているのです。

昔は「客付け仲介業者」の間では「大家さんはお客様」でした。

仲介業者の営業マンは、いかに大家さんに気に入ってもらい、「空室情報」をいち早くもらえる関係性を構築するかが「仲介営業マン」の「重要な仕事」だったといいます。

しかし現在では、

【仲介業者】「●●さんの物件は築年数が古いですから、家賃はこれくらいでないとうちでは預かれませんよ。」
【仲介業者】「近隣はシステムキッチンが当たり前ですから、それくらいの設備は入れてもらわないと決まりません。」

などと、以前とは「全く逆の立場」に逆転しています。

完全に「需要」よりも「供給」が上回る「買手市場」なのです。

この市場認識をしっかりとした上で、不動産投資、賃貸経営に参入するかどうかを判断してください。

あなたは「競争力のある部屋」を「安く作ること」ができますか？

即ち、「リフォーム工事費用」を「コントロールできる力」がありますか？

近隣の「競合物件」に比べて「競争力のある部屋」を「より安く作ること」ができますか？

それができなければ、過剰供給の中で「家賃下落」に歯止めをかけることが出来ず、「仲介業者」に手数料を払い、「リフォーム業者」へバカ高い工事費用を払い、「固定資産税」や「空室」、「不良入居者」のリスクは全てあなた持ちで、結果的に「背負うリスク」の割に「利益が出ない賃貸経営」をする羽目になるのです。

現代の大家業は甘くはありません。まだ困っていない大家さんはまだ業者から「ぼられる余裕」があるだけです。ぜひ肝に銘じておいてください。

●実録！　ある築古大家さんの悲劇

さらに悲惨な大家さんの話は続きます。

岐阜県大垣市のある大家さんからの相談です。

その大家さんは「相続大家さん」で、祖父の代から「賃貸経営」を始めたそうです。

昔は、周りは「畑」と「田んぼ」しかなかったそうなのですが、高度経済成長の波に乗り、ハウスメーカーが次々と地主さんへ賃貸経営を提案し、今では「乱立状態の過剰供給エリア」へと変貌、そのような中で、仲介業者の項でお話ししたような状況に陥り、みるみる家賃が下落していきました。

当初の家賃から「3割以上下落」した後、毎月の「借入金返済」のために家賃ではいよいよ賄いきれなくなったタイミングで、「何とか家賃下落の歯止めをかけたい」と相談がありました。

その大家さんからのお話はこのようなものでした。

▼「借り上げ家賃が下落の一途をたどっている」
▼「空室が長期間埋まらない」
▼「原状回復や簡単なリフォーム費用が家賃の1年分近く高額」

このような状況で、その「アパート」を建築し「一括借り上げ」している建築会社の管理会社は、毎年「メンテナンスレポート」と称して高額な「外壁塗装工事」の提案書を持参し、「大規模修繕工事」を提案するそうです。

しかもその「見積金額」が通常相場の「1・5倍〜2倍」の金額、さらに恐ろしいことに、その提案を拒むと、なんと「建物の建て替え」を提案してくるとのことでした。

「大規模修繕工事」で「何千万」も工事費用がかかって、やっとたまったなけなしの家賃を献上するか、また築年数が経過していれば「建物」を建て替えてまた再び「億単位の借金」をするか、そのどちらかなのです。

このような状態で、にっちもさっちもいかなくなった大家さんから助けを求められた訳です。

「新築」のうちはいいのです。しかし「新築プレミアム」と呼ばれるのは建築後のたった3年程度、その後、建物は人間が年を取るのと同じように確実に年を取り劣化していくのです。

そうなってしまったら普通の大家さんは、

▼「家賃の値下げ」
▼「高額なリフォーム工事」

の選択肢しかないのです。

さらには一般的な賃貸仲介業者の営業マンの心境は、

【仲介業者】「リフォーム工事を提案しても決まる確証がないしなぁ〜、もしリフォーム提案して決まらなかったらクレームになると嫌だから、家賃値下げを提案しよう。」

となるのです。

先日ある「超大手仲介業者」の某支店長さんで、私のセミナーに受講者として参加された方がおられましたが、その方が、

【仲介業者】「私たちは自ら賃貸経営をしているわけではないので、正直にいえば大家さんの痛みはわからない。」

【仲介業者】「決めないと売上が上がらないので家賃を下げるしかないのです。」

とはっきりと言っておられました。これが現実なのです。

あなたがもしこれから賃貸経営、不動産投資を検討されているのであれば、この実態を理解した上で参入するかどうか決めてください。

●「満室大家」でさえ儲からない⁉　その理由とは？

私は27歳の時に「競売不動産」で賃貸経営に参入しましたが、不動産投資を始める以前は大家さんのことを非常に羨ましく思っていました。

大学時代は、「家賃3万3000円」の、私が通っていた神奈川県の大学の近隣にある郊外

のアパートに住んでいました。全部で6室ある「木造」の古いアパートでしたが、学生ながらに、私は自分が払っている家賃と部屋の数を数えて、

【私】「家賃3万円×6室で毎月18万か、なんにもせずに毎月家賃が入ってくるなんて、羨ましいなぁ〜。」

と思っていたことを、今でも鮮明に覚えています。

26歳の時、たまたま転勤した赴任先での出張の際、名古屋駅の本屋で『サラリーマンでも「大家さん」になれる46の秘訣』（実業之日本社）という藤山勇司さんが執筆された書籍を立ち読みし、当時趣味で「ヤフーオークション」にハマっていた私は、

【私】「ふ〜ん、不動産のオークションか、おもしろいな。」

と感じて購入し、読み始めたのが全てのきっかけです。

その後、沢孝史さんが執筆された『「お宝不動産」で金持ちになる！』（筑摩書房）を読み、サラリーマンでも「一棟不動産」を融資を使って購入できることを知り、沢孝史さん主催のセ

ミナー等に参加し、本格的に不動産投資の勉強に着手しました。

そして「競売不動産」に参入し、３度目にやっと落札でき、「リフォーム工事」の見積を初めて取り始めました。

単なる一大家として見積を取り始めたところ、最も高い工事会社で「見積３３０万円」、一番安い金額で「１２０万円」と、全く同じ内容で「２００万円以上の開き」があったのです。

しかもその工事が、全く同じ仕様のまま、最終的になんと「60万円」で仕上がりました。「材料支給」などせず、単に「業者選定」を戦略的に行っただけで「２００万以上」の「コスト削減」ができたのです。

その物件の家賃は「月10万円」で「年間家賃１２０万円」、「物件取得費用」や「リフォーム工事」その他諸々の費用を含めて「総額６００万円程度」でしたので、結果的に私の初めての不動産投資は「利回り20％」で回って、現在では順調に「投資資金」を全て回収し終え、今でも利益を生み続けています。

その時に痛感したのですが、全く同じ「工事内容」で「見積３３０万円〜１２０万円」、と「２００万以上」もの開きがあり、「取れる家賃」は「月額10万円」と家賃は変わりませんから、下手をしてそのまま高い金額でリフォームをしていたら「最低1年〜3年分の家賃」が「リフォーム費用」、即ち「リフォーム業者の懐」に消えるところだったのです。

その時、「リフォーム工事」「建築業界」の不透明さに直面し、コスト削減ノウハウを勉強熱心な大家さんと共有するため「大家さんの為の満室経営実践会」(http://www.hcs2006.net/)を発起し活動を開始しました。

活動開始当初は参加者10名程度の勉強会から始まり、現在では年に4回のセミナー、毎年合計300名以上の大家さんへ、累計2000名以上の大家さんへむけて、リフォームコストの削減ノウハウをレクチャーしています。

その結果、多くの大家さんから賃貸経営の悩み相談を受けるようになりました。集まる大家さんはその「8割」が「複数棟経営者」で、「家賃収入3億円」だとか「4億円」だという「経営規模」の大きい大家さんが多く、そのような大家さんとお付き合いするうちに、全国の「大家さんを取り巻く業者たちの実態」と「不動産投資の実態」、そしてその「不透明感」を目の当たりにし、確信しました。

不動産を購入し、自ら所有する大家として「賃貸経営」を営むまでは、即ち「不動産投資の実態」を知るまでは、毎月何もせずに家賃収入が入ってくる「大家さん」のことを非常に羨ましく思っていたのですが、今は違います。

残念ながら、日本の不動産投資、賃貸経営では「空室大家さん」だけでなく、なんと**「満室経営」を営む「満室大家さん」までもが全く儲かっていない**のです。

ほとんどの大家さんは賃貸住宅を建てたあと、５年くらいはまだ順調です。

しかし10年目を超えると先ほどの大家さんのように、

【仲介業者】「家賃を下げてください。」

【仲介業者】「リニューアルしてください。」

と、仲介業者からどちらかを選択するよう迫られ、家賃を下げたくない大家さんは「リフォーム見積」を取り始めます。ですが、その見積がたった５万、10万の家賃では見合わない「莫大な金額」となるため採算が合わず、最終的に「家賃を下げざるを得ない状況」になるのです。

「空室大家」であろうが「満室大家」であろうが、**「家賃の値下げ」か、莫大な「工事費用」をかけて「リニューアル」するか、**二つに一つです。日本における不動産投資、賃貸経営の実態は「満室大家」でさえ儲かっていないのです。

さらには、区分所有１室から、土地付１棟物件へ、その賃貸経営規模が大きくなると、あなたの周りにいる建築会社、リフォーム会社などから確実に、

▼「大規模修繕工事」で建築会社、工事業者から「何千万」も取られるか
▼「建て替え」で建築会社、工事業者から「何億円」も取られるか

そのどちらかで、結局苦労したあげく業者たちを儲けさせて、大家さんにはリスクに見合った利益が残らない、そうした構造になっているのです。

これが「満室大家」でも儲からない「不動産投資の実態」とその「カラクリ」です。

●同じ工事内容なのにリフォーム見積が200万も違う⁉ 工事業者の「収益構造」とは？

私が経験した「リフォーム工事」では、同じ内容で「見積金額」が「最高330万円」から「120万円」と、「コスト削減」に取り組む前でさえ「200万円」の開きがありました。この「価格の開き方」は尋常じゃありませんよね？

「見積一声数百万」の「海千山千のリフォーム工事業者」は、実際のところ、一体どのくらい儲かるのでしょうか？

結論からいいますと「工事費用の半分が粗利」です。

【あなた】「半分？　粗利率50％⁉　ぼったくりだな、リフォーム工事はとてつもなく儲かるじゃないか⁉」

ひょっとしてあなたはそう思われたかもしれません。

なぜ同じ内容の工事で業者により「２００万円」も「見積提示金額」が違うのか？

さらには「粗利率50％」と言われる「収益構造」の正体とは？

その謎を解明するには、彼らの「事業構造」を知ることが必要です。


「リフォーム工事会社」と一口に言っても、実はそのリフォーム工事はいくつもの種類に分けられます。

「１室単位」の「リフォーム工事」で、例えばどのような工事業者が入るか、あなたはご存知でしょうか？

「１室に入る工事業者の種類」を列挙してみましょう。

▼「解体工事」
▼「大工工事」

▼「水回り設備工事」
▼「電気設備工事」
▼「ガス設備工事」
▼「壁紙工事」
▼「床工事」

等々、「1室単位」の空室における「リフォーム工事」でも、ざっとあげるだけでもこれだけの「工事種類」があります。この居室の工事以外にも、「外壁塗装工事」「防水工事」「外構工事」等、建物の外部にも当然ですが工事種類があります。

もしあなたが、あなたの今いる部屋をフルに改装したいと思った場合、

▼「●●建築」
▼「●●工務店」
▼「●●リフォーム」

といった屋号の会社へ「見積依頼」すると思いますが、「工事構造」を分解すると、実は図②

②工事構造を知る

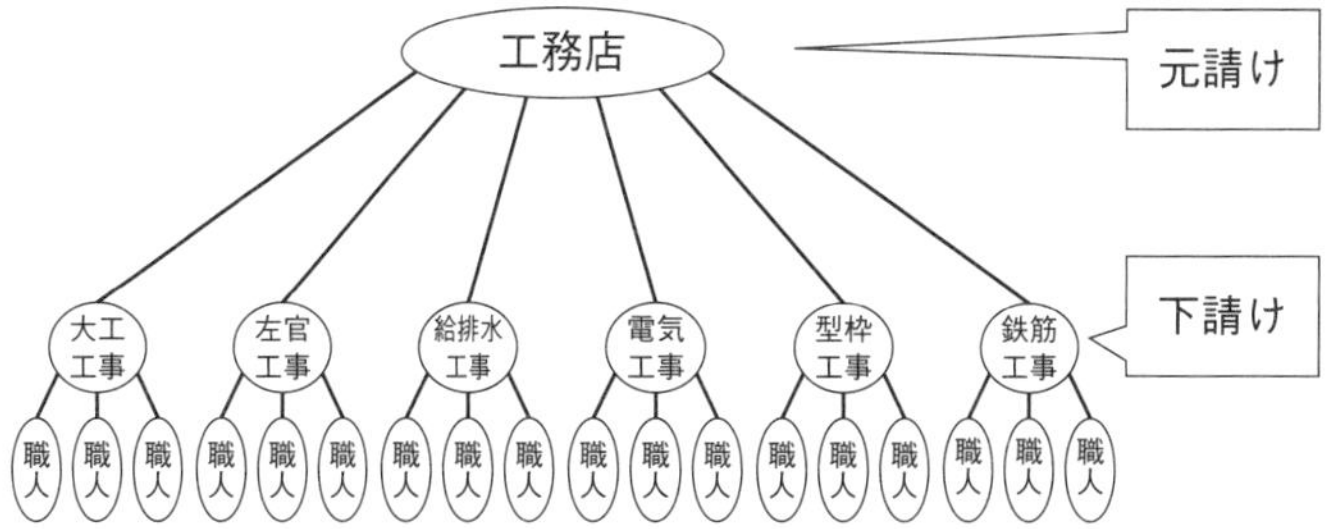

工務店（元請け）と専門工事会社（下請け）で構成

のようになっています。

大家さんから、工事の「直接依頼」を受けるのが「元請け」です。

「元請け」は自分が生業としている部分の工事を自ら工事しますが、自ら施工できない工事は「外注」します。これを「下請け」と言います。

なぜ同じ工事内容なのに業者によって「２００万円」の開きが出るのかの答えは、元請け業者によって「得意な工事が違う」からです。つまり、「元請け業者」が「自社施工」できる範囲が広いか狭いかにより、大きく見積価格が変動するのです。

【同じ工事内容の見積で】

▼「見積提示３３０万円」＝外注工事が多い

▼「見積提示１２０万円」＝外注工事が少ない

「元請け」が「下請け」へ外注すればするほど見積額が高くなりますし、「元請け」が「自社施工」できればできるほど「安い工事金額」が出てくるのです。

彼らの「収益構造」はこうです（図③）。

一般的に、「元請け工事業者」は「下請け工事業者」から提示される「見積金額」へ、粗利を通常「2割以上」乗せて見積します。

私は数多くの大家さんから「リフォーム工事」の「見積診断」の依頼を受けて現在までかなりの数の見積診断をしていますが、そのほとんどが「粗利5割」、つまり、「元請け」と「下請け」が2割以上ずつ粗利を乗せた見積、即ち「仕切り金額」の倍の金額で「見積提示」されています。

「工事」というものは、規模がよほど小さければ別ですが、基本的に**一つの「専門工事会社」で全て完結することはできません。即ち「工事会社1社」では実は絶対に完結できない**ものなのです。

例えば「解体工事」。「解体工事」を専門にする「解体工事業者」という工種があります。ごく簡単な「リフォーム工事」などですと「大工」が「解体工事」もやったりしますが、もし「合計5室以上」を一気に改装するなど解体工事の量が多い場合は、「下請け業者」の「解体専門工事業者」へ「解体工事」を「外注」します。

③業者の収益構造を知る

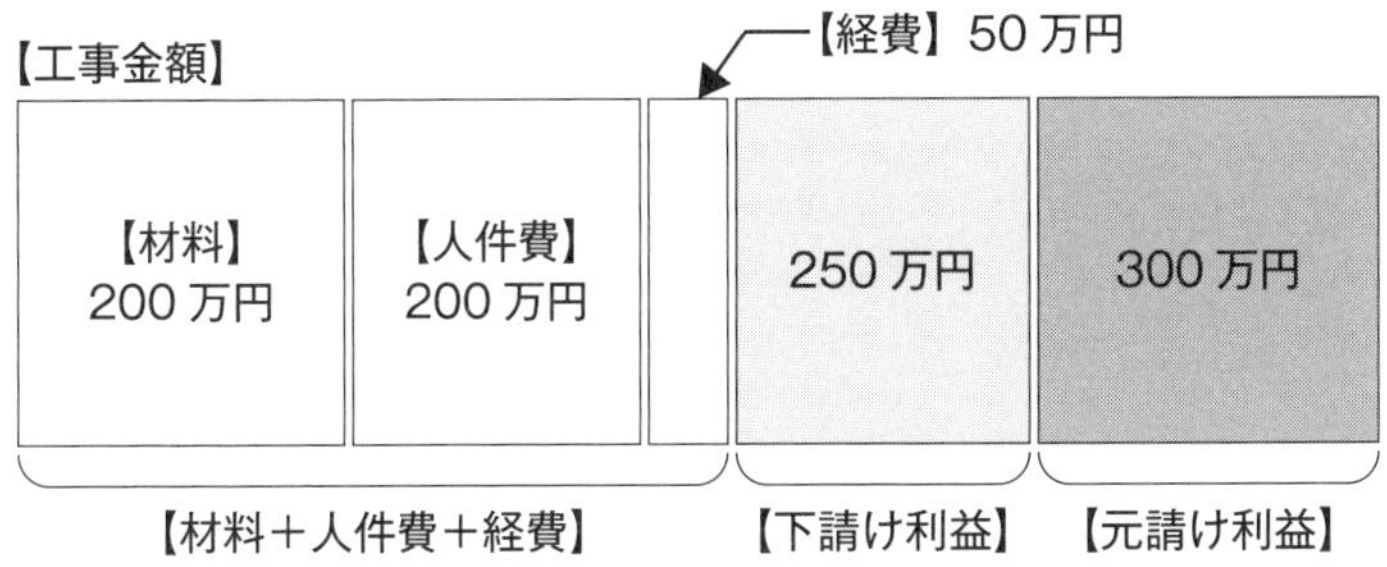

実際に工事を構成する金額は50%以下

もう一つ例をあげましょう。

もし仮に簡単な「解体工事」を「大工」が自ら行ったとしても、例えば「水道工事」がその現場で必要な場合、絶対に「水道工事」は「水道工事会社」が行います。

あるいは「電気工事会社」が「電気工事」をやったとしても、「大工工事」は基本的にやりません。

「餅は餅屋」、自分の「専門工事種類以外」は余程規模が小さく、その工事会社が器用であれば別ですが、基本的には「下請け」の「専門工事業者」へ依頼、「外注」する、工事とはそういうものなのです。

その理由はなぜかわかりますか？

その理由は、**「各専門工事会社」が持ってい**

る「道具」が違うからです。

一昔前に比べて様々なものが技術革新により進化した現代、工事の世界でも同じです。誰でも施工できるように作られた「材料」や工事に使用する「道具」も目覚ましい進化を遂げています。

例えば「床工事業者」が持っている「ペッカー」という機材があります。

これは主に工場などのような広範囲の床にある既設の「クッションフロア」等の床材を効率的に剝がすための電動工具です。（エンジンの物もあります。）

しかし他の「専門工事業者」は、「クッションフロア」を剝がすためだけの道具である「ペッカー」など持っていません。専用工具のない業者は、「スクレイパー」と呼ばれるお好み焼き用のヘラのようなもので剝がすので、当然ながら作業効率は雲泥の差です。

もうひとつ例を挙げますと、「ハツリ業者」という専門工事業者があります。

RC造の工事現場で、よく「ドガガガガッ」と「コンクリート」を「ドリル」で壊す音を聞くと思いますが、それをやっているのが「ハツリ業者」です。

例えば、設備業者は「ハンマードリル」という道具を持っており、多少の「コンクリート」は自分でハツります。しかし「大規模な工事現場」ともなると、設備業者が所有するような「簡単な道具」では工事が進みません。そのような時に呼ばれるのが「ハツリ業者」という専門工事業者です。

「ハツリ業者」は「コンプレッサー」という、「発電機付」の「大型ハンマードリル」の〝お化け〟のようなものを所有しています。当然ですが「コンクリート」を壊すための刃先も大型です。またその破壊能力も、設備業者が所有する小さなハンマードリルとは比較になりません。「工事業者」は自らの「専門工事」を効率的に進めるために「設備投資」をしているということなのです。

小規模な工事現場なら、どの「専門工事業者」でも「器用な業者」であれば単独で対応可能ですが、それなりの規模の工事や「大規模な現場」になると、このような理由から「各専門工事業者」を「下請け業者」として手配する形となります。

また、「道具の進化」とともに、「材料」も目覚ましい進化を遂げています。

その結果、私たち賃貸経営者が関わる現代の「工事現場」においては、残念ながら「職人技」はほとんどありません。（神社仏閣等の復元工事は別です。）あるとすれば「左官工事」くらいです。その「左官工事」も「ユニットバス」が普及するに従い昔ながらのマーブル模様や15㎝角タイル張りの「在来工法」の「お風呂」が市場から消えていくにつれて、だんだん「左官業」から「外構業者」へと業態の変化を遂げていきました。

「水道工事」一つとってみても、誰でもが「確実に施工」できる「部材」がすでに普及しています。例えば「サヤ管ヘッダー工法」等はわかりやすい例です（図④）。

この工法は、配管を転がして切ってジョイントに差し込んだあとにネジが切ってある「ヘッダー」へねじ込むだけで、「水道管」の敷設が完了してしまいます。

「タイル工事」一つとっても、現在は「接着材」の能力が格段に進化していますし、「外壁塗装材」一つとっても「下地材」が良くなっていますので、仕上がりに影響する「職人技」はほとんどなくなってきているのです。

このように、全ての工事種類において、「省力化」「効率化」が進んでいます。

コストを下げるためには、このような「工事現場の実態」を理解しておくと、非常に有利に事が運びます。ぜひ覚えておいてください。

収益構造のことに話を戻すと、このような工事の「事業構造」により「元請け」が「2割以上」、「下請け」が「2割以上」、合わせて「5割」が彼ら工事業者の利益となるのです。
▼「500万円の工事」であれば250万円

④サヤ管ヘッダー工法

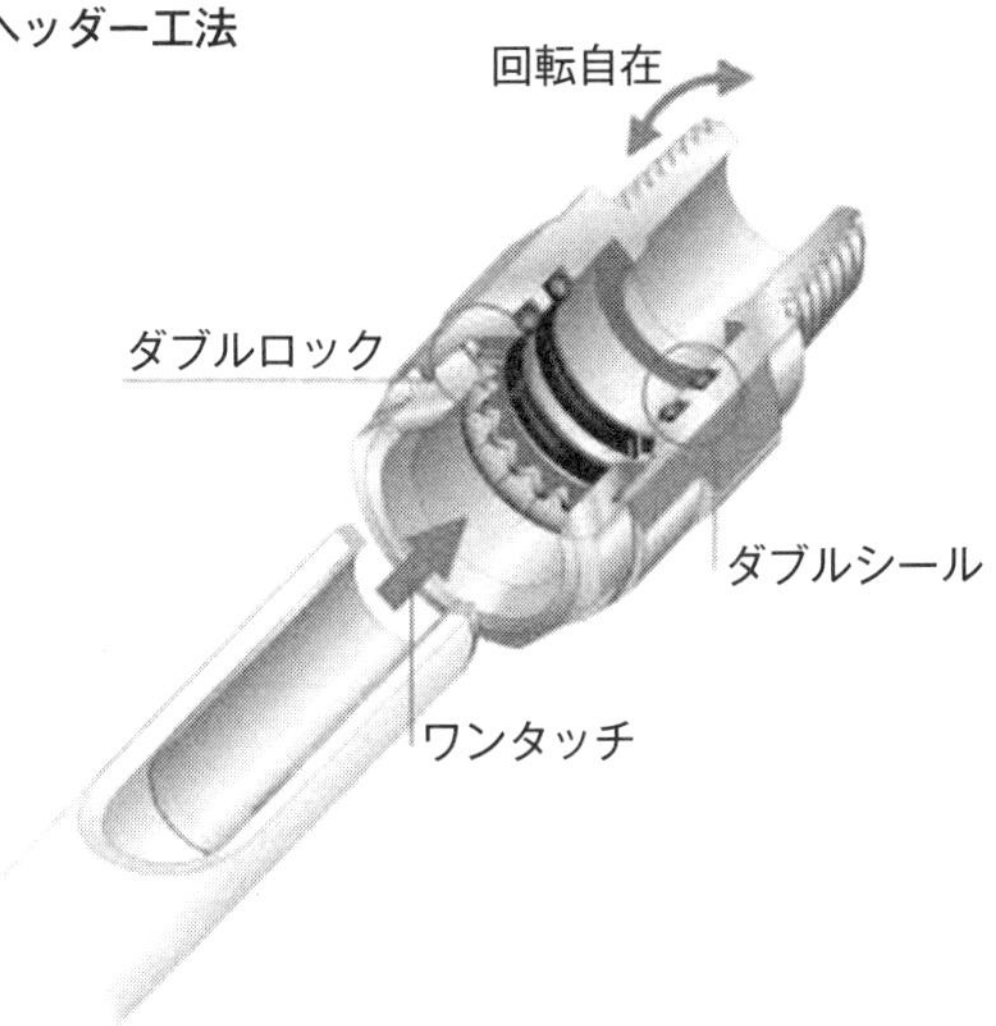

▼「600万円の工事」であれば300万円
▼「1500万円の工事」であれば750万円

これが「元請け工事業者」と「下請け工事業者」が取る利益合計となります。

この驚くべき工事の「事業構造」と「収益構造」、これらを理解することは「コスト削減」に非常に有効に働きますので、ぜひ覚えておいて下さい。

●なぜ「リフォーム工事」は「一声100万円」と高額なのか？

「空室大家」でも「満室大家」でも、賃貸経営を続けている以上は避けて通れない「リフォーム工事」の「収益構造」と「事業構造」を理解した上で、なぜリフォーム工事は「一声100万円」と高額なのかを考えてみましょう。

先に述べた「収益構造」からみても、「粗利率50％」を載せるビジネスは日本国内の「労働集約型」の業態においては「工事以外は皆無」でしょう。

なぜ、「リフォーム工事」はそのような「100万単位」の高額な見積で「工事業者」の「粗利」が「工事金額」の半額も取れてしまうのか？

その本質をお伝えいたしましょう。

その本質とは、**ほとんどの大家さんが「リフォーム工事」の知識がなく、また、「正しく比較をする方法を知らないから」**です。

具体例をあげましょう。以下に「普通の大家さん」が見積依頼をした場合、業者から提示される「一般的な見積」を2パターン提示します（図⑤、図⑥）。

二つの見積のうち、あなたはどちらの見積が安いと思いますか？

答えをお教えします。

一見、見積2の方が安く見えますが正解はどちらでもありません。

実はこれらの見積を厳密に比較するためには情報が不十分すぎます。「普通の大家さん」が「リフォーム工事」の見積依頼をした場合に提示されるこれらの見積において、実際には「統一基軸」で比較ができるよう準備の上、正確に「施工箇所」を業者へ伝えた上で「見積依頼」をし、その内容に抜け漏れがないようにチェックし、あなたが「施工したい箇所」を確実にカバーしているかどうかの確認と、「金額が適正価格かどうか」を見極める必要があるのですが、これらの見積では不十分です。

あなたが今どちらの見積が安いか判断がつかなかったように、全国の大家さんも同じように判断がつきません。だから何となく、総額で決めて、後で「追加請求」が出たり「施工してほしい箇所」が施工されなかったりして、工事業者と揉めて損した気分になるのです。

でも彼ら「リフォーム工事業者」からすれば、そんなに頻繁に発生しない「リフォーム工事」でしっかり利益を乗せて稼がなければ、存続することができないのです。

リフォーム工事業者は、「工事を1円でも高い金額で受注し、その利益で生きていくしかな

⑤見積1

御見積書

2008年 ●月 ●日

大家 太郎 様　　　　　　　　様

下記の通り御見積申し上げます。
受取場所 ： ルネ鶴舞
取引方法 ： 現金100%
有効期限 ： 今回限り

株式会社●●美装
〒●●●－●●●●
●●県●●市●●町●●－●●
TEL(●●●●)－●●－●●●●
FAX(●●●●)－●●－●●●●

御見積金額 ¥2,100,000－（税込）

1	仮設工事				
	養生費	53㎡	300	15900	
	墨出費	53㎡	300	15900	
	工事発生材処分費	53㎡	600	31800	
	場内清掃費	53㎡	800	42400	
	完了クリーニング	一式	25000	25000	小計 ¥131,000
2	解体工事				
	LDK既設床撤去	一式	3000	3000	
	和室畳処分	6枚	1500	9000	
	廊下・洋間既設床/洋間・和室間仕切撤去	一式	18000	18000	
	台所/浴室UB・脱衣解体 手間	一式	95000	95000	
	同上搬出・積込費	一式	15000	15000	
	同上処分費	一式	72000	72000	小計 ¥212,000
3	木工事	一式			
	LDK/和室間仕切り撤去に伴う取合工事	一式	50000	50000	
	UB取替に伴う取合工事	一式	50000	50000	
	キッチンパネル	一式	85000	85000	
	換気扇取付下地造作	一式	20000	20000	
	金物費・消耗品費	一式	20000	20000	小計 ¥225,000
4	塗装工事				
	LDK/和6/洋間6/廊下/トイレ/洗面 天塗装	30㎡	1500	45000	
	UB新設枠/和室6巾木塗装	一式	18000	18000	小計 ¥63,000
5	左官工事				
	和室6/和室4．5 壁クロス下地	43㎡	2850	122550	小計 ¥122,550
6	内装工事				
	LDK/和6/洋間6/廊下 床ｳｯﾄﾞﾀｲﾙ施工	32.2㎡	3800	122360	
	LDK/和6/和4.5/洋6/廊下/トイレ クロス貼り	163㎡	800	130400	
	洗面/トイレ 床CF張替	4.2㎡	2000	8400	小計 ¥261,160
7	電気工事				
	流し元灯/取付工事	一式	4600	4600	
	UB取替/台所換気扇接続工事	一式	50000	50000	小計 ¥54,600
8	給排水設備工事				
	流し台W1200L サンウエーブGSW	1台	44000	44000	
	ガス台W600 サンウエーブGSW	1台	18400	18400	
	吊戸W1200 サンウエーブGSW不燃処理	1台	31300	31300	
	吊レンジフード用W600	1台	9100	9100	
	水切り棚W1200 1段	1台	5700	5700	
	レンジフード	1台	25700	25700	
	同上取付工事	一式	25000	25000	
	洗面化粧台	一式	42000	42000	
	同上給水・給湯・排水接続工事 （据付含）	一式	40000	40000	
	洗濯機パン・排水トラップ INAX FCN-500	一式	9000	9000	
	同上取付工事排水新設接続工事	一式	25000	25000	
	ユニットバス1116 TOTOJHC1116T（据付含）	一式	242000	242000	
	同上給水・給湯・排水接続工事	一式	60000	60000	
	流し台水栓金具 ｼﾝｸﾞﾙﾚﾊﾞｰ混合栓	1台	19500	19500	
	同上給水・給湯工事	一式	60000	60000	小計 ¥656,700
9	ガス設備工事				
	20号給湯器	1台	135000	135000	
	本体設置工事	一式	12000	12000	
	給水・給湯工事	一式	20000	20000	
	ガス配管工事	一式	35000	35000	小計 ¥202,000
10	経費（現場管理費）	一式	90000	90000	小計 ¥90,000
	合　　計			2,002,110	
	合　　計（消費税込）			¥2,102,216	

⑥見積 2

御　見　積　書

2008年 ●月 ●日

大家 太郎 様　御中

下記の通り御見積申し上げます。

支払方法　別途取決

見積有効期限　2か月以内

●●県●●市●●町●●－●●
住まいのリニューアルプランナー
●●住建
電話（●●●●）－●●－●●●●

見積金額合計	¥1,200,000

	工事内容	数量	単価	金額	備考
	ルネ鶴舞505号室改修工事				
1	木工事　大工人足 6名	6人	20,000	120,000	
	天井下地 5.5mm ×30枚	30枚	900	27000	
	押入れ補修 9mm ×2枚	2枚	1000	2000	
	廊下床補修 12mm ×2枚	2枚	1400	2800	
	和室→洋室天井下地 30×40	2枚	4000	8000	
	洗面室床造作	一式		30000	
	既設解体撤去・廃材処分費	一式		50000	木工事 計239,800円
2	内装工事　クロス張替	230㎡	700	161000	(全室)
	クッションフロアー張替	51㎡	1800	91800	(玄関、洗面、トイレ、洋室)
	畳表替え	5枚	4000	20000	
	建具張替	4本	5000	20000	内装工事 計292,800円
3	住設工事　ユニットバスBH-1014BWE	1セット	45掛	137250	定価305,000円
	既設ユニット解体・撤去・処分費	一式		55000	
	給水・給湯・配水管工事	一式		25000	
	ユニット組立工賃	一式		35000	
	洗面台FCN-500、MKF-500	一式	55掛	36000	定価65,500円
	既設洗面台撤去・処分費	一式		10000	
	洗面取付・接続費	一式		24000	
4	給水配管工事	一式		15000	
	給湯配管、排水配管工事	一式		45000	
	洗濯パン(640×640)	一式		15000	
5	給排水管新設工事	一式		25000	
	パン取付	1台		10000	
	SANWAVE,GKF-S120N(RL)	一式	60掛	40500	定価67,700円
	キッチン据付	一式		8000	
	キッチンパネル	2枚	15000	30000	
	キッチンパネル取付工事	一式		18000	住設工事 計528,750円
6	電気工事(各コンセント、スイッチ交換、器具取付)	一式		50000	電気工事 計50,000円
	仕上げ清掃費	一式		60000	仕上げ清掃 計60,000円
	小　計			1,171,350	
	(税　率)			5%	
	消費税額			58568	
	合　計			1229918	税込120万円

い」という事業構造になっています。オーナーが厳密な比較ができないがためにまかり通っている「見積一声100万円」という状況は、実は工事業者にとっては極めて都合がよいのです。

彼らの「思考」が少しは理解できてきましたか？

「リフォーム工事業者」の「思考実態を知ること」は「コスト削減」に非常に重要なことなのです。

●あなたはそれでも不動産投資をやりますか？

ここまで「不動産投資の実態」や「大家をとりまく業者の実態」を、「生々しい事例」を交えてお話ししてきましたが、どのようにお感じになったでしょうか？

これらのエピソードは、恐ろしいことに全て実話です。

▼「始める前に誰もリスクの実態を教えてくれない」

▼「成功報酬」による大家と業者の「利益の相反の実態」

これまでお話をしてきたような経緯で「状況が悪化」し、様々な理由で経営が立ちゆかなくなった大家さんが物件を手放す、そのまた一方で「サラリーマンの収入安定化の策は不動産投資が一番」といって、また「損をする大家さん」が大量に誕生する。

このような実態が、あなたの知らない所で、実は繰り広げられているのです。

私は年間を通して多くの方から、不動産投資や賃貸経営に関して「どのように進めるべきか」「どのように利益を残していけばよいのか」等、さまざまな相談を受ける機会があります。また「これから始めたい方」からも、「買うべきか買わざるべきか」等、あらゆる不動産投資にまつわる相談を数多く受けています。

しかし、私は安易に「やった方がいい」とは絶対に言いません。

どちらかと言うと「こんなにリスクがあって利益を残すにはかなりの努力が必要だ」とか、「98％の大家が儲かっていない事実」など、「購入後に避けては通れない不動産投資にまつわるあらゆるリスク」の話を中心にします。

なぜなら、日本における不動産投資、賃貸経営は、何も考えずに「人任せ」にしていたのでは、**「背負ったリスクに見合ったほどは決して儲からない」**からです。

周りにいる不動産業者、建築会社、仲介業者、管理会社、リフォーム業者からチューチューと利益を吸い取られて終わりなのです。

重要なので何度も言いますが、日本における「不動産投資、賃貸経営」は自ら**しっかり勉強し、実際に行動してこそ初めて利益が出る「事業経営」**なのです。

昔のように、賃貸マンションを持っているだけで勝手にお金が入ってきて「利益がしっかり残る」ということは、残念ながら絶対にありません。

今、もしあなたがこれから不動産投資、賃貸経営を始めたいと考えているのであれば、今一度「自分自身が本当に不動産投資に着手する必要があるのか」、その理由を考えてみてください。

そして、もし本当に必要であれば、自らが自分の賃貸経営で利益を残すため、ご自身の貴重な「時間とお金」を使って勉強し、その学んだ内容を実際に行動に移せるかどうか、その覚悟と情熱があるかどうかを自らの胸に再度問うてみてください。

今、あなたの周りにある賃貸マンションの大家さんは、ほぼ確実に儲かっていないと思います。周りにいる専門業者たちから、首の後ろからストローを刺され、チューチューと利益を長年にわたり吸われ続けていたのが、従来のあなたの周りにいるほとんどの賃貸経営者なのです。

「儲からない98％の大家さん」と「儲かっている2％の大家さん」

あなたはどちらになりたいですか？

当然「儲かっている2％の大家さん」ですよね？

「利益がでる賃貸経営を実践する2％の勝ち組大家さん」になるためには、周りにいる「専門業者たち」から「利益」を吸われるのではなく、逆に「自ら業者と互角、またはそれ以上の知識を体得し、彼らをコントロールする」必要があるのです。

それができなければ「確実に儲からない」のです。

その「実態」を理解した上で、もしあなたが「不動産投資、賃貸経営を収入安定化のためにやりたい」「そのために必要な努力を惜しまずにできる」という「強固な覚悟」と「情熱」があるのであれば、やり方次第でまだまだ日本の不動産投資、賃貸経営で利益を残すことは可能ですし、私は喜んでそのお手伝いをします。

お待たせしました。

では、本題の「リフォームコスト削減」のノウハウに入りましょう。

第２章
1室でもできる！　見積330万円が60万円に！
利回り20％を達成するリフォームコスト削減ノウハウ公開

さて、ここからが本番です。空室1室のリフォーム工事における、具体的なコスト削減のプロセスに入っていきましょう。

●空室1室からできる！　これが「リフォームコスト削減ワークフロー」だ！

まず初めに、これから進めていく本ノウハウの全体像からお話しします。

「1室でもできるリフォームコスト削減ノウハウ全体像」は大きく分けて次の6つ、

①「調査分析フェーズ」

⑦「修繕コスト大幅削減」プロセスの全体像

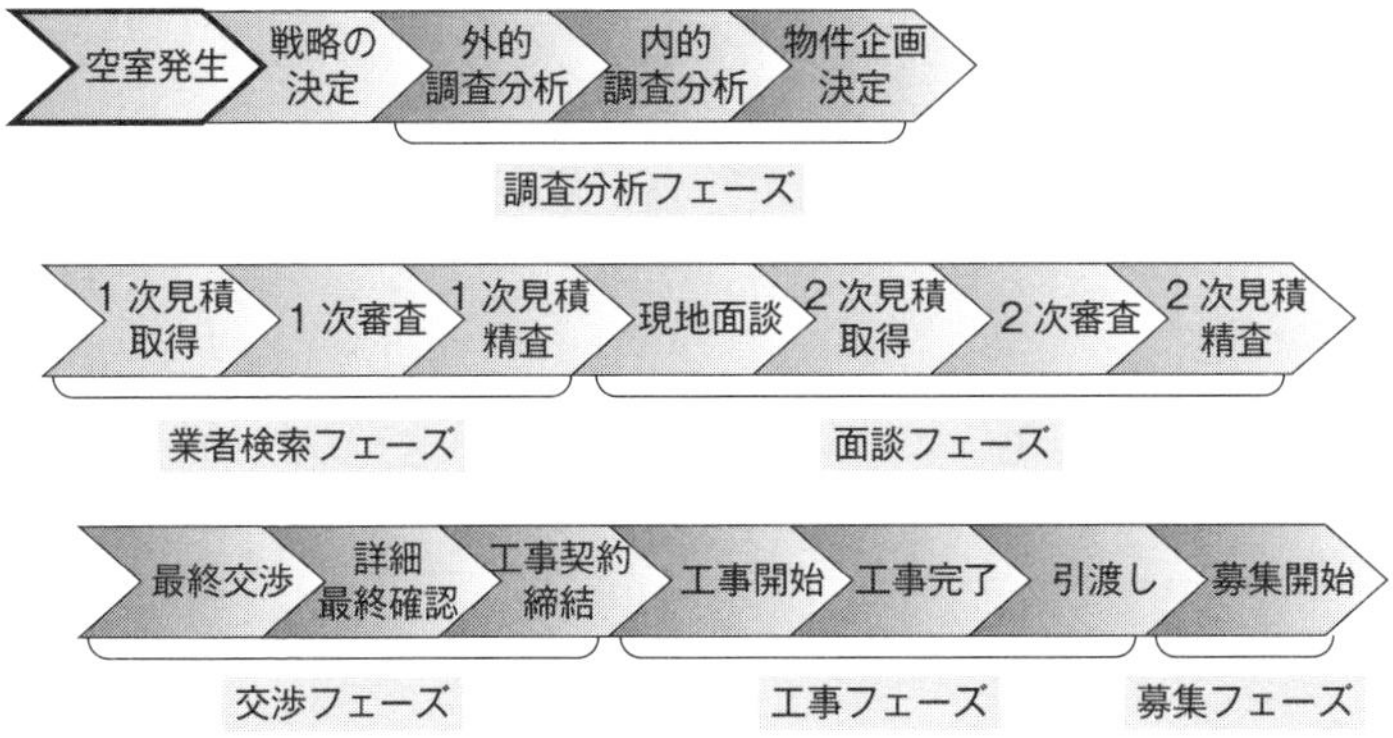

②「業者検索フェーズ」
③「面談フェーズ」
④「交渉フェーズ」
⑤「工事フェーズ」
⑥「募集フェーズ」
で構成されます（図⑦）。

　リフォームコストを大幅削減するためには、実は交渉よりも「見積を取る前の準備」が重要です。
いいですか？　重要なのでもう一度言いますね。
リフォームコストを大幅削減するためには、実は**交渉よりも「見積を取る前の準備」が最も重要**です。

　初めにお断りしておきますが、「リフォーム業者」へ単に「工事見積」を「負けて」と「価格交渉」をしても絶対に下がりません。

絶対にです。

下がったとしても、その「値引いた価格」は、見積当初から「リフォーム業者」が「下げることを織り込んでいた金額」を下げただけです。

ですから、もし下がったとしても、その価格は決して「よい価格」ではありません。

コストを下げるためには、**「綿密なコスト削減戦略」を練り、**「リフォーム業者の思考」を理解したうえで、その工事が大きく儲からないとしても、**彼らが「やりたいと思う状況がどのような状況なのか」を把握する**必要があります。

彼らの思考と原理を理解した上で「コスト削減」を進める、その方法をひとつひとつ解説していきましょう。

●競売で入手した築30年の物件でリフォームコスト削減を実践！

まず初めに、「コスト削減事例」の物件をご紹介しましょう。

これは、実際に私が購入した「築古区分所有マンション」で、実際にあった事例です（図⑧⑨⑪）。その空室1室での「リフォームコスト削減事例」を通じて、具体的な「リフォームコ

⑧物件詳細

・1973年築
（購入当時　築32年）
・鉄筋コンクリート造
11階建
・戸数72戸
・３DK　55㎡
バルコニー6.6㎡

スト削減方法」を解説していきます。

▼１９７３年築　購入当時　築32年
▼愛知県名古屋市中区
地下鉄鶴舞線　鶴舞駅徒歩４分
▼広さ「55㎡」の「３ＤＫ」
▼「区分所有マンション」

この物件、実は「競売」で購入したのですが、入札に参加した当初はなかなか落札できず、３度目の入札でやっと落札できたのがこの物件です。

これからお話しする内容を、あなたにより「臨場感」を感じてもらうために、「不動産取得までの詳細」を少しお話ししましょう。

この内容と考え方は、「これから不動産投

資を始めたい方」に参考になるはずですので、ぜひしっかり理解して下さい。

実は私が競売へ参入し、入札に参加した当初は、

▼「築浅」
▼「駅近」
▼「高利回り」

を「選定条件」として物件を絞り、「入札金額」を決めて入札していました。ですが、残念ながら2度とも「最高落札価格」になれず取得できませんでした。

入札までのプロセスとしては、次のような手順を踏みます。


【1】「競売物件情報」を「アットホームWEB」で確認し、「入札対象物件」を絞り込みます。

【2】そして「3点セット」と呼ばれる資料をPDFでダウンロードし、その物件がなぜ競売になったか、「占有者」はいるか、居室内の「劣化状況」はどうか、などを読み取ります。

【3】その後、よさそうな物件があれば裁判所を訪問し、執行官室にある「3点セットファイル」の現物を確認し、WEB上に掲載されていない資料を閲覧します。

⑨間取り

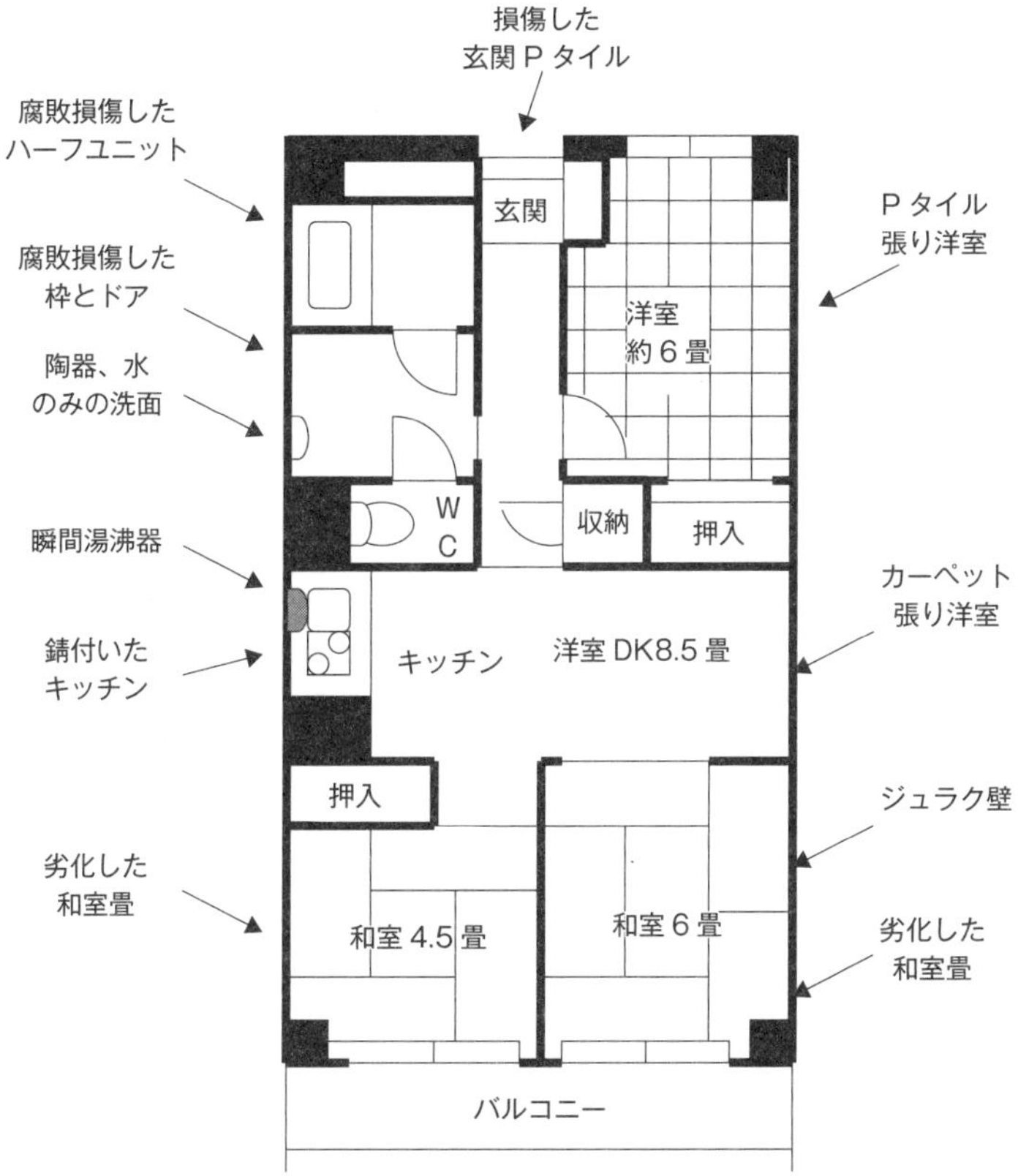
損傷した
玄関Ｐタイル
腐敗損傷した
ハーフユニット
腐敗損傷した
枠とドア
陶器、水
のみの洗面
瞬間湯沸器
錆付いた
キッチン
劣化した
和室畳
Ｐタイル
張り洋室
カーペット
張り洋室
ジュラク壁
劣化した
和室畳
玄関
洋室
約６畳
W
C
収納
押入
キッチン
洋室 DK8.5 畳
押入
和室 4.5 畳
和室６畳
バルコニー

【4】さらに現地を訪問し、実際に自分が住みたいかどうか、あるいは賃貸物件として投資をするべきかどうかの判断を行い、入札します。

実は「競売」では、「入札物件」を選び入札するまでにも、当然ながら「事前調査」に結構な「手間と情熱」がいるのです。（競売に限らず、不動産を探すのには手間と情熱が要りますよね。）

私はそれまで2回入札に参加しましたが、2回とも落札できませんでした。

「競売」ですから「最も高い入札金額」を入れた「入札者」がその物件を買うことができます。

なぜ購入できなかったのか？

答えは簡単です。

私には「リフォームコスト」を、限られた時間内に「限られた情報」の中で「厳密に見積るノウハウ」がなかったのです。

そのため、必然的に「入札する物件価格」を「リフォーム費用」に余裕を持たせ大きく見積ることにより「物件本体価格を安めに見積らざるを得なかった」のです。

少し詳しくお話ししましょう。

⑩「不動産購入」のための「本質」

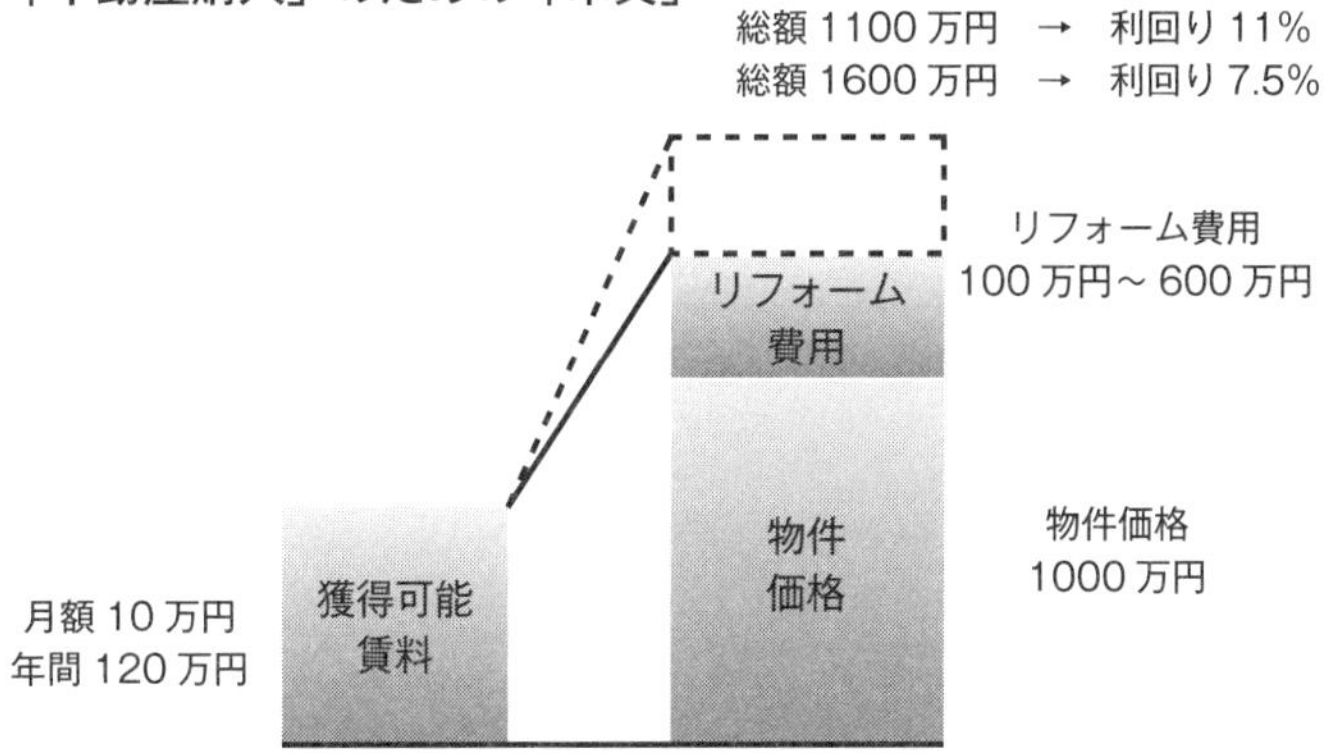

「リフォームコスト」を厳密に見積ることが
できなければ「良い不動産」は購入できない！

不動産の用途は「住む」「売る」「貸す」のいずれかですが、物件購入後、「商品価値を取り戻すための加工」、即ち「リフォーム工事」がいずれにせよ確実に必要なのです。

しかし私は、何度現地へ赴いても、裁判所の「3点セット」を何度閲覧しても、購入してから商品価値を取り戻し、再び賃貸に出すための「リフォーム費用」を、入札前の段階で厳密に見積ることができませんでした。そのため、「物件価格自体を安く入札する形」となり、結果的に「最高入札者」になれずに2回とも不動産を購入することが出来なかったのです（図⑩）。

「再商品化」するための加工、即ち「リフォーム工事」を厳密に見積もることができない、より具体的に言うと、「リフォームコスト」を一定の金額内で収める自信がなかったのです。

「これができなければ不動産は購入できない。」

私は直感的にそう感じました。

この原理は「競売」に限らず、「一般流通物件」も同じです。

不動産は購入できる人の所へ行くものです。

もしあなたが「不動産ポータルサイト」で、例えば、

▼目黒線沿線
▼徒歩10分以内
▼RC造3DK
▼築15年前後
▼自己資金5000万円
▼物件総額2億5000万円
▼利回り10％以上

⑪物件写真

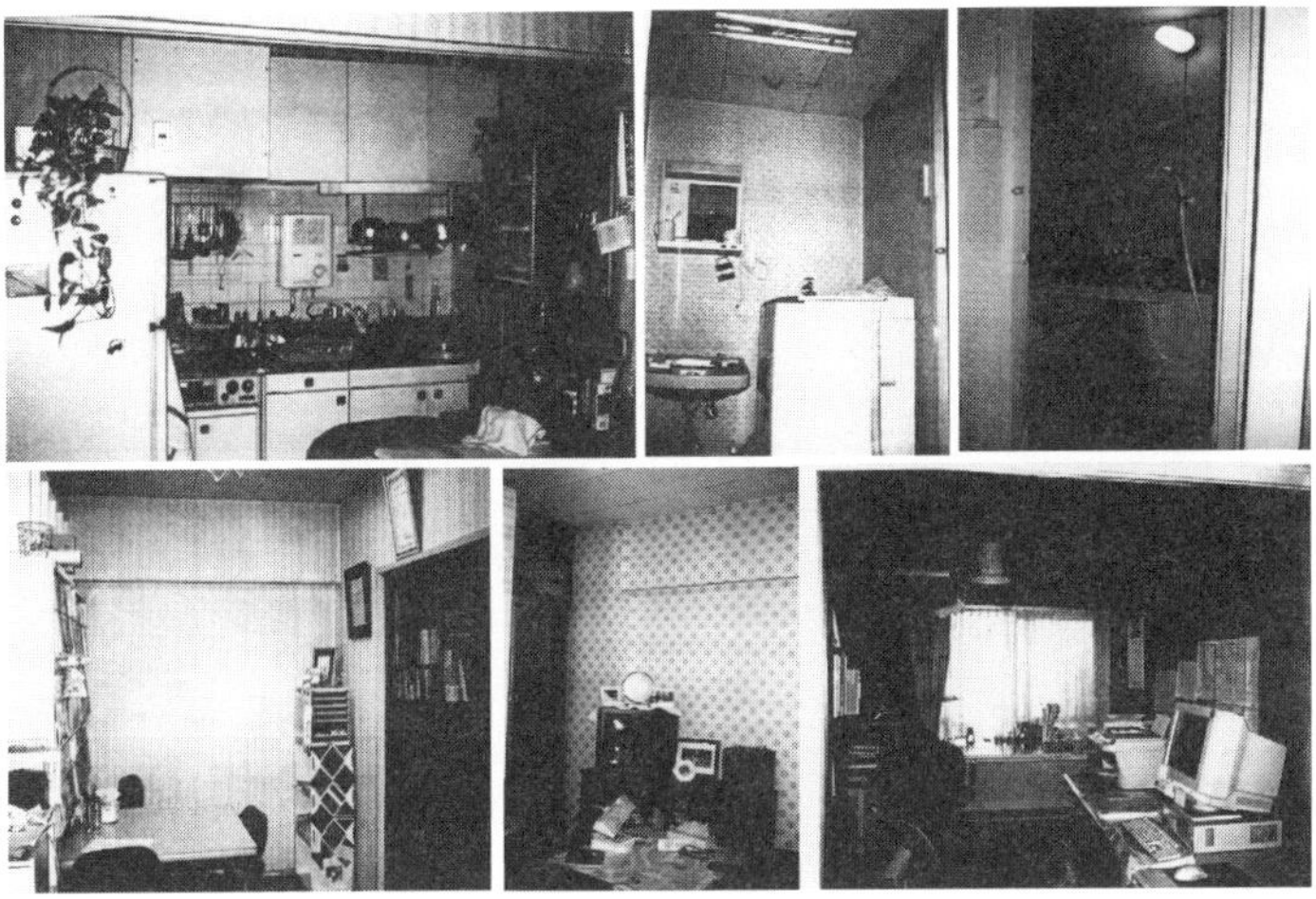

という条件で検索しているとします。

仮にこの条件にあてはまる物件情報が出たら、その「不動産業者」はあなただけでなく、一斉に自分のお客と付きあいのあるお客へ情報を流します。

一般の方が得られるような、通常の「不動産情報」は一斉配信されるのです。（ごく一部の富裕層向けの案件は省きます。）

そこであなたと同じ「物件情報」を受け取った他の不動産投資家が、現地確認へ行ったり、先に銀行に行き融資のあたりをつけたりと、一斉に動き出します。

一斉配信された情報から、いち早く、再度商品化するための費用、即ち「リフォーム費用」を厳密に見積り、融資を付け、「適正価格」で指値した者が購入できる。いわば「不動産市場」は、「不動産を購入したい者」がよーいドンで「物件獲得競争」をする「オープンマーケット」なのです。

従って、不動産を購入するためには中を確認する前に、現在ある情報の中で「リフォームコスト」を「厳密に見積る力」が不可欠です。

私は2回の「入札の失敗」からそれに気付き、「戦略転換」しました。

▼「築浅」
▼「駅近」
▼「高利回り」

この条件でいくら物件を探したところで、

「希望利回り」＝「物件価格」＋「再商品化のためのリフォーム費用」÷「年間家賃」
（※物件価格は諸経費込とします。）

という構図がある限り、「インカムゲイン」が前提で賃料収入による「利回り」を取りに行く不動産投資の場合、「リフォーム費用」を厳密に見積る力がなければ他の入札者に勝つことはできません。

取れる家賃が決まっているところで、「リフォーム工事費用」を余裕を持って見積ってしまうと、採算性を考えた結果、入札する「物件本体価格」が安くなってしまうからです。

そこで、自身で「どのくらいのリフォームでいくらくらいかかるのか？」という「リフォームコスト」を厳密に見積る力をつけるため、戦略的に「大掛りなリフォーム工事」が必要な、誰も手を出さないような「築古ボロ物件」を購入することにしました。

実際に自ら「リフォーム工事」の見積を取得し、「リフォーム工事」を経験することで、より厳密に「リフォーム工事費用」を見積る力をつけようと考えたのです。そこでようやく落札できたのが本事例の物件です。

では、まず具体的に何をどのようにして「リフォームコスト削減」を進めればよいのか？一つ一つ確認していきましょう。

●空室発生！　素人大家を待ち受ける3つの罠とは？

想像して下さい。

あなたの物件に空室が発生しました。

あなたはまず何をしますか？　おそらく、

▼工事会社へ連絡し、「リフォーム見積」を自ら取る
▼管理会社へ連絡し、「リフォーム見積」を取るよう頼む

のいずれかだと思います。

とりあえず見積を複数社とって、価格の比較をするでしょう。

おそらくあなたは最低3社、場合によってはもっと多い数のリフォーム業者へ、特に何も考えずに、何のためらいもなく見積依頼をするはずです。


しかし残念ながら全て不正解です。

まず空室が発生したら何をするのか？

答えは、まず「戦略」を決定します。

その戦略とは、「賃貸経営戦略」です。

●素人大家が陥りやすい罠　その1
何も考えずに、いきなり見積を多くの業者から取ってしまう

何の戦略もなく見積を複数社から取得し、単に総額を比較した上で、あなたが工事業者へ、その工事金額を「負けて」と言っても、絶対に下がりません。

先にも触れたように、そこで下がる金額は、工事業者が「当初から値下げを織り込んでいた金額が下がるだけ」で、まったく安い見積でもなんでもありません。

空室が発生した際に、まず最初にあなたがやらなければいけないことは、あなたの賃貸物件の「賃貸経営戦略を策定する」ということです。

その理由は、「賃貸経営戦略」に基づき、部屋の「リフォーム工事」の「仕様」や「デザイ

ン」「設備」、即ち「工事内容の詳細」が変わってくるからです。

まず、賃貸経営戦略が明確になった上で、初めてその「ターゲット」が好む居室の「仕様」や「デザイン」「設備」、即ち「工事項目」が決まるのです。

そのデザインや仕様が決まって初めて、「見積依頼」ができます。

賃貸物件の「リフォーム工事」は全て「賃貸経営戦略」に基づいて、**「対象ターゲット」が好むであろう「居室の仕上げ」「工法」「仕様」「設備」となり、目に見える具体的な「デザイン」や「テイスト」**へと落とし込まれていくのです。

従って、何も考えずに見積依頼をかけても、賃貸経営上賃料を維持するために効果的な工事、つまり戦略的なリフォーム工事を実施することはできません。

では「賃貸経営戦略」とはどのようなものか?

「賃貸経営戦略」とは次の2つに大別されます。

▼「付加価値戦略」

▼「ローコスト戦略」

です。

「付加価値戦略」とは、より「属性」の高い方、即ち「高収入」で「しっかりした企業にお勤めの方」をターゲットとし、そのような方々に選ばれる物件を作るという戦略です。

これは、どちらかというと賃貸経営にあまり時間が取れない方、「極力入居者とは無駄なやりとりはしたくない」という方に向いています。

メリットとデメリットをご説明しましょう。

・付加価値戦略のメリットとデメリット

【メリット】
▼家賃滞納の可能性が低い
▼家賃の「値引き交渉」等、細かいことを言わない方が多い
▼退去の際の「原状回復工事費用負担」では、「常識の範疇」でしっかり支払ってくれる
▼一般常識があるので、「ゴミの分別」や「騒音クレーム」等の「面倒なこと」を引き起こす可能性が低い

【デメリット】

▼本当に良い物件を探して住むため、「物件の質」が問われる
▼「入居客付け」まで比較的時間がかかり、「空室期間」が比較的長い
▼入居者に「住み替える力」があるため、「テナントリテンション」が効きにくい
▼仲介業者が客付けの際に好む「コスト訴求」ができないため、その物件に当てはまる入居者が見つかるまで時間がかかる
▼近隣競合物件よりもよい設備が求められ、「リフォーム費用」が比較的高額になる
です。

ではその対極にある「ローコスト戦略」とはどのようなものか?

「ローコスト戦略」とは、「1円でも安い家賃の物件を探す」ような入居者層、即ち「年収がどちらかというと低く、お勤め先もどちらかというと、あまり長期安定しない職業の方を対象とした「賃貸経営戦略」です。

こちらの賃貸経営戦略は、賃貸経営者が経営に関わる時間を比較的多く取ることができ、また些細なことでも交渉したり指導したり、「細かな入居者とのやりとりが好きな方」に向いています。

・ローコスト戦略のメリットとデメリット

【メリット】
▼仲介業者がコスト訴求できるため、入居者を探し易く、比較的「早期入居客付け」できる
▼空室期間が比較的短い
▼必要最低限の設備でよいため、「リフォーム費用」が比較的安価で済む

【デメリット】
▼家賃滞納の可能性が比較的高い
▼家賃の値引きだけでなく、入居初期費用など些細なことでも値引き交渉をしてくる方が多い
▼退去の際に「原状回復費用負担」で揉めるケースが多い
▼一般常識がどちらかというとない方もおられるので、「ゴミの分別」や「騒音クレーム」等の「面倒なこと」を引き起こす可能性が比較的高い
▼コスト競争のため、家賃下落に際限がなく、体力勝負の消耗戦となる

となります。

要は、初めに「リフォーム工事」にしっかりお金をかけて、「近隣競合物件」にはない部屋を作り、しっかりした勤務先にお勤めの方、即ち「高属性の方」を対象に部屋を貸すことで、安定した賃貸経営を営むのか、はたまた、極力「リフォーム費用」を切り詰めて最低限のお金をかけ、どちらかというと、「低属性の方」を対象として賃貸経営を営むのかの違いです。

当然、後者は**入居後の「全ての交渉やトラブル、リスクは家主持ち」**となりますので、家主の手間が大きくかかります。

「賃貸経営戦略」は大きく分けてこの2つに大別されるわけですが、本事例は、私が27歳の賃貸経営を始めたばかりの時でしたので、「リフォーム工事費」は極力費用をかけずに安価に仕上げ、より広く入居者を募る「ローコスト戦略」を選択しました。

ただ、「商業地域に近い」という立地上、競合物件もかなり多くありましたので、「とにかく安く作る」というわけではなく、「ローコスト戦略」ではありながらも「必要最低限の設備仕様」を装備し、より「一般のユーザーを広く取り込める戦略」をとることにしました。

こうして、まず初めに「賃貸経営戦略」が決定しました。次に取るアクションでも素人大家が陥りやすい罠があります。その罠とはどのようなものか？

次は、素人大家が陥りやすい罠、その２です。

●素人大家が陥りやすい罠　その２
業者に素人扱いされ、足元を見られて高額な見積を出されてしまう

「素人大家が陥りやすい罠　その１」で、普通の大家さんが、「賃貸経営戦略」が明確になる以前に、何となく空室の「リフォーム工事見積」を取り始めることは間違いである旨を指摘しました。そのように戦略がないままに見積を取得してしまうと、さらに「コストを下げるための状況」は「悪化」していきます。

それは、のべつ幕なしに「複数社から見積を取得」したとしても、提出された見積書の「見積項目」が工事業者により「三者三様」のため、「工事項目」とその「単価の詳細」を「厳密に比較」できなくなるのです。

その結果、「この工事業者はＡの工事項目が安く、この工事業者はＢの工事項目が安い」といったように、各工事業者の「得意不得意」を判断することができず、最終的にはその「リフォーム工事見積」の「総額」で「選定せざるを得ない状況」になってしまいます。

これでは完全に「工事業者の術中」にハマってしまいます。

彼らは、大家さんであるあなたが、「工事に関して素人である」ことを熟知しています。ですから業者が提出する見積には、「あなたが知らない言葉」がたくさん並んでいるのです。彼らは素人大家が判断できないように、見積項目を意図的に羅列してくるのです。

また、見積を依頼すれば必ず、工事業者があなたに電話をかけてきます。彼らはその電話で、あなたが「工事にどの程度詳しいのか」を探ります。即ち、あなたが**「工事に詳しく、見積金額を吹っ掛けることができない大家」か、**はたまた**「工事には全く素人で見積金額を吹っ掛けることができる大家」か**を値踏みしているのです。

あなたが「リフォーム工事業者」にまずはネット等で見積依頼をかけると、確実に業者からあなたへ電話がかかってきます。そしてこのような電話のやりとりになります。

【工事業者】「もしもし、●●リフォームの●●です。このたびは見積依頼ありがとうございました。」

【あなた】「ええ、実は賃貸経営をしていまして、1室空室が出たものですからリフォームを予定してるんですが、見積お願いできますか？」

【工事業者】「ありがとうございます。正式に見積をさせて頂くためにいくつかお伺いさせて頂いていいでしょうか？」

【あなた】「はい。」
【工事業者】「これまで、どのような工事をされたことがありますか？」
【あなた】「そうですね。壁紙や床の張替えはあります。」
【工事業者】「なるほど、壁と床ですね、キッチンやお風呂等の設備は交換したことはありますか？」
【あなた】「いいえ、壁や床はありますが、キッチンは何十万もするので交換したことはないです。お風呂も同じですね。」
【工事業者】「なるほど、では以前実施された壁や床の工事はどのくらいの範囲を施工されましたか？」
【あなた】「そうですね、リビングの壁紙と床の張替え、和室６畳を洋室に変えて壁と床を張替えました。」
【工事業者】「なるほど、結構大がかりに工事されましたね、大体おいくらくらいでしたか？」
【あなた】「そうですね、50万円か60万円くらいだったと思います。」
【工事業者】「結講しますね。壁紙の単価はいくらくらいでしたか？」
【あなた】「そうですね、たしか１２００円くらいだったと思います。」

などという電話でのやりとりをした後に、最終的には必ず「現地で施工予定の現場を見た上で見積をする」ことになります。

「リフォーム工事」というのは、絶対に現場を確認しなくては厳密に見積ることはできません。場合によっては、「壁」を剥がしてその中身を確認しなくてはいけない現場もあります。

それなのになぜ、「リフォーム工事業者」が電話であなたに様々なことを「ヒアリング」するのか？　それは、あなたが**「お金になるおいしいお客かどうか？」を「リフォーム業者」が〝電話で値踏んでいる〟**のです。

彼らはあなたとの電話のやりとりで、あなた自身の「リフォーム工事」の「相場観」や「知識」を探り、もしあなたが工事に関して「全く知識がない素人大家」と判断されたなら、その業者から提示されるその見積金額は「とんでもない金額」になってしまいます。

しかも最悪なことに、一度高額な金額で提示された金額は、どう頑張っても半額にはなりません。それはどういうことなのか？

例えば、

▼「壁紙平米単価1400円」で見積った場合、
「計150㎡」の張替えの金額は「合計21万円」となります。


その結果、提示された見積は、実際の「相場観」が仮に「平米単価700円」だったとしても、後でその大家さんが別の業者から見積が平米700円で出ていたことを知ったとしても、業者は後では絶対に下げてはこないのです。

高く見積って提示してくる業者は、「平米700円」で見積提示すると「赤字」になるわけではなく、仮に「現状提示額の半額」の「700円」でも大きく利益が出たとしても絶対に当初の見積提示金額から半額には下げてきません。

なぜなら「提示価格」が急に半額になったら、

「今までの見積金額は何だったのか？　そんな業者は信用できない。」

と、施主から思われることを危惧するからです。

このように、何の「戦略性」もなくのべつ幕なしに見積を取得することが、いかに意味のないことか、ご理解いただけたかと思います。

●素人大家が陥りやすい罠　その3
施工項目のチェックができずに、見積総額だけで判断してしまう

そして3つ目です。何の機軸もなくのべつ幕なしに見積依頼をしてしまうと、各業者から提示される「見積書」の「施工項目」が、当然のことながらバラバラで提出されることになります。そのため、元々「工事の知識がない素人大家さん」は、その「工事金額の詳細」が正しいのか、また「適正価格」なのか、そもそも「適正数量」なのかがわからず、「全く比較することができない状態」に陥ります。

こうなってしまえば、最終的には「見積総額」で比較することしかできない「最悪の状態」となってしまいます。

工事業者へ見積依頼を現地で依頼したとして、事細かに「ここと、ここと、ここを交換し張替える」と工事業者と一緒に確認したとしても、実際には抜けや漏れが非常に多くあるのは日常茶飯事です。

さらにはあなたが「本当は交換してほしい箇所」を的確に伝えることができなかったり、細かな工事箇所についての説明がしきれなかったりした場合は、「リフォーム工事業者」の「見積」からはその「施工項目」が確実に抜け漏れしてしまうのです。

悪いことに、工事業者のなかには、交換依頼をしていない所を勝手に見積に追加してしまう業者もざらにいます。

そこで何も知らない素人大家は中身や施工内容、その見積項目や数量が妥当かどうか判断がつかぬまま、総額で判断してしまい「工事契約」をした後で、工事が始まってから、「ここはこうやって下さい」と「念を押しているつもり」で現場で業者に言ったとしても、工事業者は「ここは追加工事だな」と勝手に判断してしまいます。だから、工事が完了した後に、

【あなた】　「この項目は初めから見積に含まれていたはずだ！」
【工事業者】「いえいえ、含まれていませんよ。施主さんが工事中に追加依頼をされたはずです。」

と押し問答になり、結果的に「割高の工事」を発注したことになってしまいます。

このようなことは、全国の賃貸経営現場で日常的に繰り返されています。これらの「素人大家が陥りやすい3つの罠」、絶対に気をつけてください。

賃貸経営で利益を残すために必要不可欠な「リフォーム工事」をコントロールするには、単に「見積依頼」をするのではなく、「リフォーム工事」を全体的に見渡した上で「戦略的」に物事を進めることが「必要不可欠」となってくるのです。

●「賃貸経営戦略」を立てるためには、まず「調査分析」が不可欠

空室が発生した後、見積を取得する前に、まずあなたご自身の「賃貸経営戦略を明確化する必要がある」ということをお話ししました。

本事例の場合、賃貸経営戦略は「リフォーム工事」は極力費用をかけずに安価に仕上げ、より広く入居者を募る「ローコスト戦略」を選択しましたが、では実際に、次にどのような行動をとればよいのでしょうか?

「賃貸経営戦略」が決定した後、初めて具体的な「改装の仕様」、即ち「リフォーム工事」においての「物件企画を決める」という流れが「賢いリフォームコスト削減の流れ」です。

「賃貸経営の成功は企画が８割」

これは日本のほとんどの有名コンサルタントが提唱している言葉なのですが、私はこれに異論を唱えています。

それは「賃貸経営の成功の秘訣は企画が８割」ではないからです。

では何が重要なのか？

結論から言うと、「賃貸経営で成功する」には、企画以前にまず「調査分析」が重要です。

ここは重要なポイントですので、もう少し詳しくお伝えしましょう。

賃貸経営成功の秘訣は「綿密な調査分析に裏打ちされた上でなされる企画が全て」、即ち、その企画を構成する**「調査分析」の幅と広さ、そして精度こそが最も重要**です。

想像してみてください。

建築会社から提示される提案は、全て建築会社が建てやすく、彼らが最も儲かる「構造」「間取り」「設備」のプランを、あたかも「それを建てることがそのエリアにおいてベスト」と思わせるために提示される「表面的な調査の上に成り立つ企画」です。

一方、ここで提案しているのは、綿密かつ市場状況を多角的に捉え、その市場状況の実態から割り出された10年単位での賃貸経営戦略に則した「緻密に組み上げられた物件企画」です。

あなたはどちらがいいですか?

答えは当然「綿密な調査分析に基づいてなされた企画」ですよね?

私は仕事柄「新築建築コスト削減依頼」を全国各地の大家さんから頂きます。

その大半の大家さんが、

【大家】「2LDKを建てたいのですが、先生、コスト削減をお願いできないでしょうか?」
【大家】「1LDKを建てようと思います。コスト削減コンサルして頂けないでしょうか?」

と「具体的な間取り」での依頼がきます。

しかし私はいつもこう答えます。

「その市場をきちんと調査していますか？」

と。

なぜならほとんどの大家さんは元々「建築会社からの提案」により、所有する土地に「建てたいもの」、即ち「物件企画」を決めてくるからです。

建築会社からの提案は、残念ながらそこまで深く調査分析がなされていません。

彼らは「コンサル会社」ではなく「建築会社」、即ち「建てることによりお金を頂くビジネスモデル」です。従って彼らが「建てたい構造」「建てたい工法」「建てたい間取り」、即ち**「建築会社が最も儲かる建物」を建てることが施主にとって一番だという「論理展開」**で確実に提案してきます。

この、建築会社の思考実態を知ることは非常に重要なポイントです。

建築会社は「建て続けなくては企業として存続できないビジネスモデル」ですので、必ず「建てることが前提」での提案が来ます。

しかしこれが実は、最も危険なのです。

なぜならば、

▼「そもそも賃貸需要が全くない所」、もしくは「賃貸需要が薄い所」

▼「既に過剰供給になっており経営が困難な所」、もしくは「経営の悪化が目に見えている所」

においても、必然的に建築会社は建物を建てることが前提の提案を当たり前のようにします。

なぜならば「建てなくては売上利益が上がらないビジネスモデル」だからです。

そもそも「賃貸需要のない所」にはいくら土地をお持ちの地主さんが、たとえいくらその土地に愛着があったとしても決して建てるべきではありません。

なぜなら賃貸経営は「建てた瞬間」から少なくとも「ローン」＝「借金」が終わる35年間、

人口減少の中で「家賃下落」や「空室リスク」等、様々なリスクと長きにわたって戦っていかなくてはならなくなるからです。

また築5年、10年というまだ築浅の段階でも、人口減少における過剰供給下の市場環境の中で、空室や家賃下落と戦い続けなくてはいけなくなるのです。ましてや、「目に見えて賃貸需要が薄い所」等をはじめとして、「決して建ててはいけないエリア」でも建築会社は大家さんがとんでもない負の遺産を背負うことになろうとも、平気で建てる提案をしてくるのです。

ではどのようにすべきなのか？　それはまずその「対象エリア」「対象土地」の最低「半径500ｍ」、場所によっては「1㎞圏内」の「市場調査」を綿密に行った上で、その結果から導き出された「物件企画」を立案するべきです。

「どのような間取り、構造、設備のものを何戸建てるべきか？」その答え、即ち「物件企画」は**「全て市場が答えを持っている」**のです。

この「全ての答えは市場が持っている」という概念は非常に重要です。決して忘れないで下さい。

●「物件企画」は中長期の「賃貸経営戦略」に基づいて考える

また不勉強な大家さんに非常に多いのですが、「表面的な利回り」だけで全てを判断する大家さんも非常に危険です。

例えば「対象土地」に「シングルタイプ」を建てるか、「ファミリータイプ」を建てるかという場合、単に「収支計算」だけで比較すれば確実に「シングルタイプ」の方が「利回り」は良くなります。これは賃貸経営における一般常識ですが、「同じ広さの土地」に対して部屋数が多く取れることにより、多くの入居者から家賃を得ることが出来、結果的に総収入が増えるからです。何も知らない素人大家さんは「ハウスメーカー」から提示される「収支計画」だけで「何を建てるか」を判断してしまいます。

「利回り」から「物件企画」を判断する、これは非常に危険です。

特に郊外に多いのですが、例えばそのエリアの市場特性が明らかに「ファミリー」であるにもかかわらず、収支計画上利回りのいい「シングル」を選んでしまう。その結果「新築竣工しても満室にならない」というケースが近頃では頻繁に見られます。

昔は新築満室竣工が当たり前でした。多少需要がなくても新築だったらなんとかなったのですが、最近は違います。当然ですが築年数が新しいと言うことだけで無理やり客付けしても、5年、10年たった時の「いばらの道」は建てる前からすでに見えているのです。

もしあなたが素人大家さんであれば、建築会社から出てくる「収支計画」は決して信用してはいけません。

なぜならばその「収支計画」には、

▼「空室損失」
▼「家賃下落損失」
▼「大規模修繕コスト」

が完全に欠落している、欠陥だらけの「収支計画」のケースがほとんどだからです。

これらが欠落している賃貸経営の「事業計画」はそもそもお話にならないのですが、例えば「建物の仕様」に関しても「表面利回り」に騙されやすい項目が多々あります。

わかりやすいところで言いますと「外壁仕様」です。新築建築時の「外壁仕様」は大きく分けて「外壁塗装」と「タイル張り」があります。

「タイル」を建物に張るには非常にコストがかかります。

新築建築時に建物仕様を「タイル張り」ではなく「塗装仕様」にすれば、「数百万」、建築規模によっては「数千万単位」で建築コストが安くなりますが、「外壁塗装仕様」の場合、築15年、20年経過する中で確実に発生する「外壁塗装の修繕コスト」は「数千万単位」で変わってきます。

また「タイル張り」は全体的に上手にデザインをコーディネートしてやれば、「築年数」を感じさせない建物にすることが可能です。（タイルが滑落しない適切な施工が前提です。）

そのため、その大家さんの建築時の資金状況にもよりますが、「新築建築時」は瞬間的な「表面利回り」を求め「タイル張り」より低コストの「外壁塗装仕様」にするのではなく、可能であれば新築建築当初の瞬間的な「表面利回り」を多少落としたとしても「タイル張り」にする方が望ましいのです。「タイル張り」の方が、後々発生する「大規模修繕コスト」を含めた収支上、また築年数が経過した後の「対競合上」、そして「家賃下落対策上」、確実に35年で見た時の「総合的な収支」は、建築時のコストをかけたとしても良くなったりします。

物件企画は決して「表面利回り」に騙されてはいけません。

あくまでその市場の「需要」と「競合状況」、そしてあなた自身の中長期での「賃貸経営戦略」に基づいて「物件企画」を総合的に立案することが重要です。

▼そもそもその土地に賃貸住宅を建てていいのかどうか？
▼建てるのであれば、どのような「構造」でどのような「間取り」の物件を、どの「ターゲット」に対して、どのような「設備」で建てるべきなのか？
▼そのエリアの「競合物件」はどのような「仕様設備」なのか？
▼そのエリアの「対象ターゲット」に対してどのような「コンセプト」で訴求するのか？

これらの重要な「そもそも論」がすべて抜けて、

▼「所有の土地に対して賃貸住宅を建てれば儲かりますよ」
▼「節税になりますよ」
▼「不労所得ですよ」
▼「個人年金を作りましょう」

という言葉に騙されてしまう方が非常に多くいます。その結果、人口減少により需要がしぼみゆく日本でさらなる過剰供給の波が大きくなっています。賃貸経営は何千万円、時には何億円もの多額の借金を起こす一大事業にもかかわらず、研究や勉強が甘すぎるのです。

絶対に「収支計画」だけで判断してはいけません。

「素人大家が陥りやすい3つの罠」をすでに紹介しましたが、再度整理のため挙げておきましょう。

▼「何も考えずに、いきなり見積を多くの業者からのべつ幕なしに取ってしまう」
▼「業者に素人扱いされ、足元を見られて高額な見積を出されてしまう」
▼「施工項目のチェックができずに、見積総額だけで判断してしまう」

本書をお読み頂いている皆さんがこれから相手にする工事業者は、その道一筋の「プロ」です。何の準備もなく工事に関して素人の大家さんが丸腰で向かっていっても絶対に「勝てる相手」ではありません。彼らからすれば工事知識のない大家さんに「う～ん、結構するけど工事ってこんなもんかな？」と思わせ、本来安価にできるリフォーム工事を高額な見積で受注し粗利をがっちり取ることなど、赤子の手をひねるも同然なのです。

前述したように、私が大家として初めて購入した55㎡の区分所有でのリフォーム工事見積を取った時も、全く同じリフォーム工事内容で何と見積金額がたった1室のリフォーム工事で「３３０万円～１２０万円」と提示され、「２００万円以上」というとんでもなく大きな差が出ました。賃料が10万円とすると実に「20カ月分」、約2年分の賃料収入に近い差額です。

物流網が整備され、情報化社会が定着した日本では、スーパーで88円の菓子パンが、コンビニでは１６０円で売られていたりします。そこには、「コンビニの方が24時間営業で電気代も人件費もかかっているから高い」という、高い金額がつく理由があります。しかし、それとは全く違う次元でリフォーム工事は金額が変わってくるのです。

さらに問題なのは、その金額の差の「ケタ」が違うことです。たった家賃5万、10万円の部屋で２００万円も工事金額が変わると、リフォーム工事業者のために賃貸経営をリスクを背負ってやっているのと同じになってしまいます。これでは誰のためにリスクを背負っているのかわからなくなります。

建築業界は他の業界と違い、何が最適かの判断が難しく、非常に不透明なことが多いのです。またそのような業界構造の中で、賃貸経営で利益を残すためには、「リフォームコスト」のコントロールと管理こそが最重要となります。リフォーム工事によるキャッシュアウトを少しでも減らすためには、緻密な戦略をたて、コスト削減に必要な手順を確実に踏むことが大切です。

調査分析がいかに大切かは、ここまでの説明でおわかりいただけたことと思います。
では、調査分析のフェーズの第一段階、外的調査分析に入っていきましょう。

【外的調査分析】

●最も重要な「調査分析」は果してどこまでやるべきか?

さて、「調査分析」です。この「調査分析」は、何もわからない素人大家にとっては非常に重要です。なぜならばあなたがお持ちの物件エリアで、どのようなコンセプトの物件をどのような戦略で経営し、またどのような仕様に仕上げるかということは、全てその市場調査、即ち「調査分析」により導き出されるからです。従って賃貸経営で利益がしっかり残る勝ち組大家になるためには、この調査分析手法をしっかりと理解する必要があります。「調査分析」は大きく２つに分けることができます。１つ目は「外的調査分析」、そして２つ目は「内的調査分析」です。

外的、つまり**対外的な調査分析を「多角的視点」で行い、近隣の競合物件等の市場動向を把握**します。そして次に、その競合状況を踏まえて導き出された**コンセプトや仕様、設備が現実的に実現可能かどうか、「内的調査分析」を行う**ことにより、その「整合性」を分析します。

これら２つの側面の「調査分析」により導き出された「改装物件企画」と「仕様詳細」が決まった上で、初めて業者へ見積依頼をする「業者検索フェーズ」へと入っていきます。では具体的に説明しましょう。

●勝ち組大家が実践する市場調査、「３つの必須確認事項」とは？

「外的調査分析」を行うときに最も重要な概念は、あなたが所有する物件の所在エリアにおいて、あなたの物件を「競合に負けない物件」に作り変えることです。即ち、競争力をいかにして物件に付与するかが重要です。そのためにはまず、その市場状況を知り、そして競合物件を知る必要があります。「外的調査分析」はそのために行います。

まず、そのエリアには、「どのような人たちが多く住んでいるのか」を調べます。

そもそも、そのエリアでは「どのような設備仕様のものが望まれているのか」、そして「どのレベルの賃料設定なのか」、また「ファミリータイプ」の需要が多いか、「シングルタイプ」の需要が多いか、そしてその市場で賃貸物件を探しに来る方々の職業が「ブルーカラー」か「ホワイトカラー」か、あるいは「学生」か、「どの属性の割合が多いのか」等を調べます。

これは、あなたがお持ちの物件所在エリアではどのような入居希望者層が多いのかによって、その「市場での戦い方」、即ち「賃貸経営戦略」が全く異なってくるからです。

つまり、「調査分析」によって「市場状況」を把握し、競合物件の力量を把握しながら、最終的に掴むべき本質は、「どのユーザー層をターゲットとしてどのようなコンセプトでいくのか」ということです。

「外的調査分析」で確認が必要な事項は、大きく分けて次の3つです。

▼「対象物件エリア」のニーズ確認

▼「対象物件エリア」の「ユーザー層」確認

▼「対象物件エリア」の「募集繁忙期」の確認

この「外的調査」を進めていくと、実際に調査をしてみなければわからない様々な情報を得ることができます。この「調査」は、時間をかければかけるほど、その市場ニーズを深掘りすることができますが、本書をお読みの方はサラリーマンをしながら兼業大家さんを目指す方も多いと思いますので、「限られた時間で効果を上げる方法」をお伝えします。

限られた時間で調査をする方法は、まず「調査分析」を「**静態データ**」と「**動態データ**」**に分け、論理立てて調査をする**ことです。

まずは「静態データ」について説明していきます。「静態データの活用」とは、「静かなデータ」、即ち自宅にいながら「インターネット」を駆使して取得できるデータを最大限活用することです。

●「対象物件エリア」のニーズ確認、3つの確認ポイントとは？

「外的調査分析」で確認が必要な項目はまず、「対象エリア」のニーズ確認です。

そのポイントは3つです。

▼「間取り」
▼「家賃」
▼「人気設備」

インターネット上には非常に多くの「賃貸物件募集サイト」があります。それらは仲介大手企業が直接運営するサイトと「ポータルサイト」と呼ばれるものがあります。

調査分析を行うのに、これらを使わない手はありません。

例えば「2LDK」と「希望の間取り」にチェックを入れると、「あなたの選択した検索条件に該当する物件は5件です」というようにそのエリアに所在する物件数が出てきます。「1K」なら「該当する物件は97件」、「2DK」なら「該当する物件は17件」などなど……。これで何がわかるかと言うと、**「対象物件エリアには、どの間取りの物件が多いのか」という物件市場占有率**がわかるわけです。

その市場の「家賃設定」「人気設備」についても同じことが言えます。

ただしここでひとつ、必ず心の片隅に置いといて頂きたい注意事項があります。それは、「仲介業者」の**「募集サイト」で紹介されている物件は「現在募集中の物件」**であるということ。すでに入居者が決まっている物件は、当然ながら原則そのサイトには掲載されていません。「人気物件」はあっという間に決まってしまいます。従って、長い時間「サイトに掲載されている物件」は、かなりの確率で「売れ残り物件」「人気がない物件」の可能性が高いのです。

例えば「１Kが圧倒的に多く、２ＬＤＫが比較的少ない」エリアの場合、「１Kが圧倒的に人気で、２ＬＤＫは比較的人気がない」と考えるのは短絡的です。

「１Kで家賃５万円台の物件が圧倒的に多い」という場合、「５万円台が高くて残っているのか、そもそも需給バランスが崩れ価格崩壊が進み安くなっているのか」、それらについても、後々の動態調査によって**市場実態を多角的に把握し的確に判断していく**必要があります。

ちなみに、「賃貸物件募集サイト」の名前を挙げると、「ニッショー」「ミニミニ」「エイブル」「アパマンショップ」という仲介大手企業の直接運営サイトの他、「アットホーム」「スーモ」「ホームズ」等々、ポータルサイトと呼ばれるものも数多くありますが、私は、基本的に全てをチェックします。

「限られた時間」での調査なのですが、この「調査分析にかける時間」は多いにこしたことはありません。勝ち組大家になるためには、物理的にかけることができる手間はかけた方がいいのです。「全部チェックする」といっても、自宅で行う「インターネット検索」ですから、それほど負担にはならないでしょう。

●「対象物件エリア」の「ユーザー層」をどう読むか？

さて、前述した調査により「対象物件エリア」における競合物件の「間取り」「家賃設定」「人気設備」等の市場状況が見えてきました。ここからはさらにもう一歩踏み込んで考えていきたいと思います。

図⑫の円グラフをご覧ください。本グラフはあるエリアの「間取り別市場占有率」を示していますが、あなたはこのグラフから何を読み取りますか？

⑫外的調査分析の実例

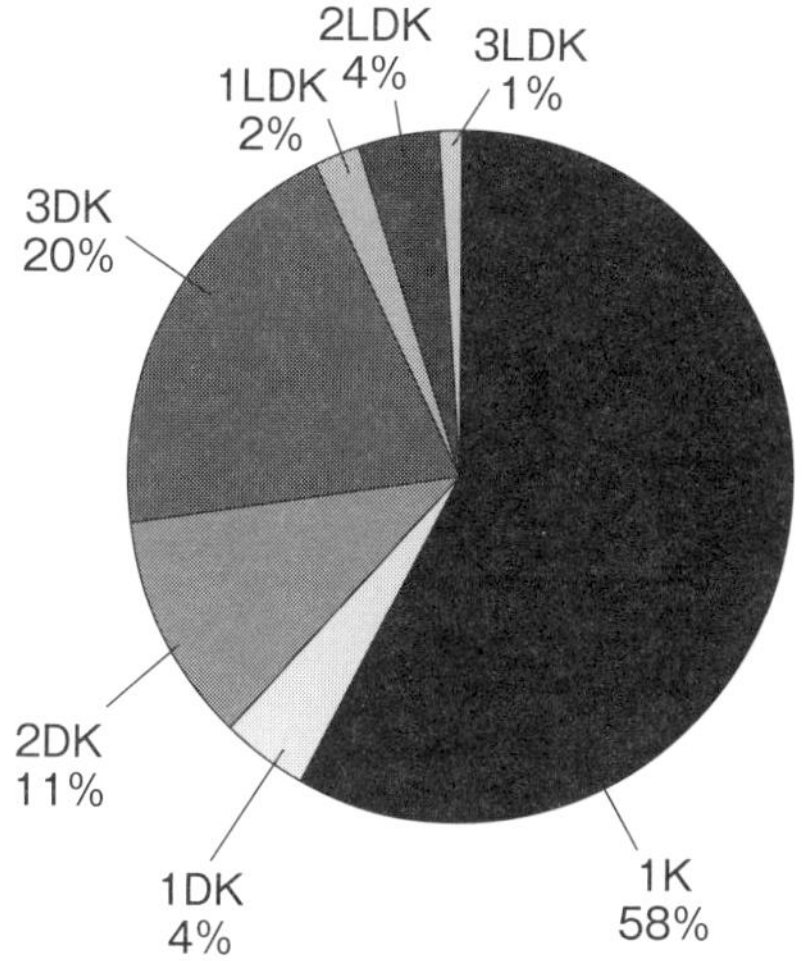

得られたデータからあらゆるパターンを想定する

前提条件：駅徒歩10分圏内

▼「1Kが58％と過半数を占めているから、1Kの需要が多い」

▼「逆に1Kの需要が多いということは、それだけ競合が多い」

▼「1Kで余っている物件が多い」

いろんな意見が出てくると思います。

私がここから読み取るのは、次の内容です。

▼駅徒歩10分圏内という立地なので、シングル物件、即ち1Kが多くなる傾向がある。

▼しかし、この立地的要因を省いて考えた

場合、ファミリータイプに属する3DKが20%を占めている。そのことから、シングル物件だけでなく、意外にファミリータイプの需要があるとも考えられる。
▼1Kの占有率が多いのは、「1Kが最も重要がある」と考えた競合大家がほとんどで、その対象市場に大量供給がなされたが、現在は過剰供給傾向に陥っている可能性が高い。
▼住宅事情が改善された最今、ライフスタイルの多様化が進み、「LDK」タイプの広い部屋が好まれる傾向が強いが、円グラフを見ても、2LDKが4%、3LDKが1%と他の間取りに対して多くは市場に存在しない。つまり、需要があり、競合が少ないと考えられる。

本事例の場合、「競合がより少なく需要は一定のレベルで手堅くある間取り」は「ファミリー」をターゲットとした「ファミリー物件」であると仮定し、「より競合が少ない2LDKタイプ」で、競合に対して「差別化」を図れば、より長く競争力を維持し安定した賃貸経営が運営できる可能性が高いという結論に帰着しました。

この**「競合が少ないという点」が非常に重要なポイント**です。再度重要なのでお伝えしますが、調査分析を進める場合、特に深掘りするべき点は、その対象市場にどのような物件が存在し、「どのようにすれば競争力が担保できるのか?」という点です。

例えば「競合が少ない」という点は非常に注目すべきです。競合が多ければいくら良い物件を安く作っても経年に従って確実に競合の賃料下落に引っ張られ、価格下落を避けることはできないでしょう。しかし「競合が少ない場合」は違います。安定した賃貸経営を実現する**理想はオンリーワン、即ち「競合物件が皆無」という状況が理想**です。

また、「対象物件エリア」の市町村の「歴史」や「変遷」、そして「工場」や「学校」「病院」等があるかどうか等によっても、当然ですが賃貸経営戦略は全く変わってきます。「外的調査分析」によってその市場の「ユーザー層」を明確に捉え、「対象物件エリアの今後の発展や推移」も含め、どのようなコンセプト、どのような仕様設備、どのような賃料設定なら長きにわたり勝てるのか、どういう物件であれば長きにわたり競争力が維持できるのかをあらゆるパターンで想定していきます。

●「対象物件エリア」の募集繁忙期が示すこととは？

物件をリフォームしたら、できる限り早く借り手を見つけたいというのが賃貸経営者、即ち大家の正直な気持ちだと思います。

例えば大学がある場所であれば、早ければ年末くらいから入居希望者は動き出します。残念ながら現在の日本の賃貸市場においては、まだまだ「新築築浅信仰」が根強く、「新築ホヤホヤ」が賃貸住宅の客付けの観点から最も訴求力を持っています。

しかしながら前述した「調査分析」により市場ニーズを的確にキャッチし、ターゲットを的確につかみ、そのターゲットへ明確に訴求するコンセプトを的確に定めて部屋作りをすれば、築古でも確実に空室は埋まります。

しかしその調査を緻密に行わなければ、苦労して「良い立地」に物件を購入して、「グレードの高い居室」に「低コスト」で仕上げたとしても、的確にターゲットを捉えることができません。そうなると、募集当初から家賃を下げなくてはならない状況に陥ったり、数カ月間も「空室ロス」があり、その間、家賃収入はゼロ、何も入らずに区分所有の場合など管理費等は出ていく一方という悲惨な状況になります。そうならないためには、リフォーム工事前に「そもそも論」として確実な「対象物件エリア」の調査分析をしっかりすることが重要です。

また調査分析を進める上で、もう一つ確認をしなくてはいけない重要ポイントがあります。それはその物件エリアの「募集繁忙期」です。「募集繁忙期」を確認する理由は、**その市場の「対象ターゲット」の「属性」をより明確に把握する**ことにも関連します。

例えば「学生」がメインの市場であれば年末から3月まで、「社会人」の「転勤族」がメインであれば1月から3月末、また6月から9月末までと、明確に対象ターゲットによって「入居繁忙期」が違います。一方で「新婚層」が「メインターゲット」の場合は「年間を通して入居希望者が来る」というエリアもあります。

この、物件所在エリアにおける「入居繁忙期」は、完全にそのエリアの「地域特性」を反映しますので、必ず確認してください。後ほど詳しく説明しますが、「仲介業者へのヒアリング」により、それらをより的確に把握することができます。

「地域特性」を調査分析により把握し、その「エリア特性」に応じて「ターゲット」を絞り込み、その**「ターゲット」に訴求力あるコンセプトによる仕様やデザイン、設備を設定する、**そして完成時期も募集繁忙期にうまく合わせる。こうした考え方が、利益が残る安定経営、即ち、勝ち組賃貸経営の本質、賢い大家の戦術なのです。

●「対象物件エリア」の賃料相場確認、〝素人大家〟が知らない落とし穴とは？

リフォーム工事の仕様等を決める際の調査において、そもそもこのエリアで「どのくらいの家賃が取れるのか」を把握することも必要不可欠です。「賃料相場」は「対象物件エリア」により違うのは当然のことながら、「間取り」によっても全く違いますので、適切に把握する必要があります。

「賃料相場の把握の仕方」ですが、まず「間取りごと市場占有率」の調査の際に触れた「間取りごと」の概念で「㎡あたり家賃」を算出し、「募集家賃」の相場感を掴むという、「静態データ」から効率的に情報収集する手法をとります。

しかしこの賃料相場調査において、素人大家が陥りやすい大きな落とし穴があります。それは**「募集サイトに掲載されている募集家賃は、まだ決まっていない賃料である」**ということです。既に成約している物件は、基本的に「募集サイト」に掲載されていません。従って、この「未だ申込が入っていない賃料である」ということに必ず留意しなくてはいけません。

では実例を元に見ていきましょう。

私の物件の場合、「RC造」「2LDK」「徒歩10分圏内」を調査した時、当時の「募集中物件」は全部で「43件」でした。これら「43件」の「家賃」と「共益費」を全て足し込みますと、「総額399万4000円」。「総㎡数」は「合計2810㎡」、「総家賃」（共益費含む）を「総㎡数」で割ると、「1㎡あたりの家賃単価」が出てきます。399万4000円÷2810㎡＝1421円となります。

私が購入した物件から考えて「2LDK」を「55㎡」と仮定した場合、1㎡あたり1421円×55㎡＝7万8155円となります。この金額が、現状募集中である2LDK物件の平均的な「家賃相場」だということがわかります。

さらに、素人大家が陥りやすい落とし穴がもうひとつあります。それは「決まっていない部屋」は、得てして部屋が清潔でなかったり、設備的に現状の市場ニーズと大きく乖離していたりと、そもそも**「商品価値そのものが不足している物件」が含まれている可能性がある**点です。

価値観が多様化し、物が余っている日本の現代社会では、もはや「家賃」をいくら下げたとしても劣悪な環境の部屋や設備的に非常に劣る部屋は入居者が決まりません。理由は入居対象者がそれなりに豊かだからです。

従って、このインターネット上で取得できる「静態データ」の調査から浮かびあがる物件のN数は、「全てイーブンコンディションではなく、何らかの理由から未だ成約していない物件である」ということなのです。

未だサイト上に掲載されている空室物件は「賃料の割に設備が劣る」のか、それとも「日当たりが悪い」のか、あるいは「収納が少ない」のか、はたまた「水回り設備」自体が古臭く、「ユニットバス」ではなくタイル張りのお風呂でバランス釜なのか。

必ずこのような部分も理解した上で、「静態データ情報」を取得活用して下さい。

再度整理しますと、仲介業者の募集サイトで紹介されているのは、「現在募集中の物件」であるということ、そして2LDKと「間取り」「徒歩分」でセグメントしたとしても、物件ごとに固有の「設備条件」や「日当たり」等の複合的要素が個々に違うことを忘れてはなりません。それらの市場状況、そして「静態データ」から見えてきた所有物件の「相場金額」が高いのか安いのかは、次の「仲介業者へのヒアリング」でしっかり把握していきます。

●面談技術はここがツボ！　仲介業者ヒアリングの具体的方法とは？

「外的調査分析」で得た結果の裏付けをとるために、仲介業者に直接会って、ヒアリングを行います。このヒアリングは調査分析フェーズにおいて非常に重要です。なぜならば、このヒアリングはあなたご自身のヒアリングスキルにより相手から引き出せる情報の量や精度が大きく変わるからです。

これまで家にいながら、「インターネット」によって、「間取り」「家賃」「設備」「ユーザー層」などの切り口から所有物件における市場の相場感を「静態データ」から掴んできました。これらの調査は誰が行っても調査結果にばらつきはありませんが、これから説明するヒアリングによる「動態調査」は、ヒアリングをする方の個々のスキルにより調査結果も大きくばらつきます。調査結果が人によりばらつくということは、その市場特性を的確に把握できない場合があるということです。

全ての土台である調査が適切に行わなければ、その上に立つ賃貸経営戦略も全て狂ったものになってしまいます。そうならないために適切にヒアリングを進める必要があります。本書では、誰がヒアリングしても効果的にヒアリング出来る方法を解説していきたいと思います。

ここからは調査分析における「動態調査」、即ち「仲介業者と実際に面談」し、「静態データ」で調査してきた内容の裏付けを取っていきます。電話で済ませることもできるのですが、電話でではなく、ぜひ直接会って話をしていくことが大切です。

なぜならば人は「視覚から80パーセントもの情報」を得ています。従って、会って話せば通じる内容も、会わずに電話だけだと通じない場合が往々にしてあるのです。また「伝える」ことと「聞く」ことはイコールです。「伝えにくい」ということは「聞きにくい」ということなのです。「動態調査」の幅と深さ、そして精度は、あなたの行動力にかかっています。ぜひ果敢にチャレンジしてください。

実際に仲介業者へ訪問して行う質問内容は次の通りです。かなり具体的に記載しておりますので、このまま直接仲介業者を訪問し店長を呼び出した上で質問して頂いても大丈夫です。但し、棒読みではなく、きちんと相手の目を見て会話を進めていってくださいね。

まず仲介業者を訪問し、

【あなた】「はじめまして。ハイツ○○の大家になりました○○です。実は募集に際しての条件設定などを決めるため、このエリアと市場に詳しい方とお話ししたいのですが、よろしければ店長さん、いらっしゃいますか？」

と聞いてみてください。するとその仲介店舗の店長が対応してくれます。不在であればその他の担当者が対応してくれると思いますが、極力店長と面談して下さい。理由は、店長がその店で一番市場に詳しいからです。

そこで質問しなくてはいけない内容の文言は以下となります。

【質問内容】

▼「このエリアはどのような人が物件探しにこられますか？」

▼「このエリアはどのような間取りが人気ですか？」
▼「このエリアはどのような設備が人気ですか？」
▼「この間取りだとどのような家賃設定ですか？」
▼「このエリアの募集時期はいつがベストですか？」

この面談によるヒアリングの目的は、さきほども述べましたが、これまでの「静態データ」から把握した「調査内容」で掴んだ内容の「裏付け」です。実際に「客付け現場最前線」で仲介する営業マンに対してヒアリングすることにより、その市場の「エリアニーズ」を確実に顕在化させるのです。

ただし、仲介業者の数は非常に多く、店によっても、また、担当者によっても一人ひとり言うことが違います。私はできる限り多くの店舗、多くの担当者と会うことを勧めます。名刺の数は膨大になりますが、確実にそれだけ手間と時間をかける価値はあります。面談をすればするほど、あなたの「面談力」は向上します。「面談」を重ねるごとに、ヒアリング時間が短くなることも体感できるでしょう。また、より細かな情報を引き出せるようになるはずです。

面談ごとにヒアリングした内容は、必ず「ヒアリング管理シート」にまとめます。「ヒアリング管理シート」は手書きでも、パソコンで作ったものでも、何でも構いません。「間取り」

「賃料」「エリア」「設備」「その他の項目」に分けて記入します（図⑬）。

「その他」とは、例えば、「黒塗りの乗用車がよく停まっている場所がある」や「あまり聞いたことがない神様を信仰している団体さんがいる」「近くに工場があって変な臭いがする」といったような、一般的に嫌悪施設と言われる施設や人がいる場合、人が住みたがらないような要因のことです。

そのような「特殊要因」も「静態データ」では把握できない情報、即ち「動態データ」においての調査でしか把握できない貴重な情報となるのです。設備や間取り、賃料だけでなく住環境等、「ソフト面」と「ハード面」両方について、必ずヒアリングして下さい。

実際の面談におけるヒアリングの流れは以下のようになります。

【私】　　「このエリアに新築物件はどれくらいありますか？」
【仲介業者】「うーん、どうですかねぇ～。」

仲介業者は毎日多くの物件を扱っていますから、それほど意識して見ていません。

⑬仲介業者ヒアリング管理シート

●ッショー　●●店　対応担当：■■	
間取り	・2LDK ならば60㎡程度、1LDK ならば45㎡程度が必要。
賃料	・賃料設定は2LDK：6.8万〜7.5万円共益費込。
賃料	・駐車場は0.4万〜0.5万円程度。
エリア	・■■市は集合住宅が多く激戦区。全体の3割が新しい。
エリア	・●●号線と■■道の中間ゾーンなら需要有り。
設備	・マンションであればオートロックがほしい。
設備	・預り物件中1216：約4割、それ以上：1割、それ以下：5割程度。
設備	・天井が2800の物件や間接照明の入った物件も出現。

●ニ●ニ　●●店　対応担当：■■	
間取り	・●●は1Kが多い。1LDK だと駅近と競合する為対策必要。
間取り	・2LDK であれば▲▲地区よりもう少し広い範囲が対象となる。
設備	・新婚は「和室なし」「広いリビング」「追焚き」がキーワード。
賃料	・■■地区2LDK（57.5㎡）P込8万円物件もある。（通常P込8.5万円）
間取り	・■■地区は1LDK は希少、繁忙期なら埋めやすい。
賃料	・新婚がメインターゲット、P込7.5万〜8万円がターゲットレンジ。
賃料	・転勤シーズンだと8万〜10万円。但し駅近のみ。
賃料	・学生（●●女子大）は5万〜6万円。（親仕送り有り）
エリア	・駅近以外は住環境重要。新築は心配なし。
設備	・追焚き、シャンプードレッサー、TV ドアホン必須。
賃料	・オートロックだと共益費に跳ね返る為裏腹。
設備	・対面キッチンは好まれるが実際に使いづらい為要検討。

カテゴリを分けて整理し、全容をつかむ

意外ですが、「わからない」という答えが返ってくることも多いです。その場合、より的確に市場状況を把握するためのコツがあります。そのコツをお教えしましょう。

【私】「例えば物件全体を10割とした場合、新築物件は何割くらいですかね？」
【仲介業者】「そうですね〜、う〜ん……。」
【私】「感覚的なもので結構ですよ。だいたいで。」
【仲介業者】「そうですね、だいたい3割くらいかなあ。」
【私】「マンションなら設備はどうですか？」
【仲介業者】「オートロックはほしいですね。」
【私】「なるほど、ではお風呂とかはどうですか？」
【仲介業者】「お風呂は預かっている物件のうち4割くらいは〝1216〟サイズですね。それより大きいのは1割以下だと思います。もっと小さい物件は5割程度。最近は間接照明やミストサウナが入った物件も出てきていますよ。」

と、このような感じで話が進んでいくでしょう。誰でも効果的にヒアリング出来る方法は、仲介業者にヒアリングする際に**「例えば」「全体を10割としたら」**といったキーワ

ードを使用することです。仲介業者は日々の業務の中で先の質問のような「俯瞰的視点」を持って業務遂行していません。従ってどのくらいと聞かれても答えられない方が多いのです。しかし感覚的にはわかっていますので、そのため「例えば……」「全体を10割とすると……」と質問の前段につけてヒアリングすると「●●くらいですかね。」と回答が返ってきます。これが誰がヒアリングしても効果的にヒアリングを実施する秘訣です。

ヒアリングを続けていくと様々な情報を入手できます。他の仲介業者ではこんな話がありました。

【私】「間取りはいかがですか？」
【仲介業者】「１ＬＤＫで駅近だと競合する物件が多いから、ある程度の対策が必要ですね。」
【私】「では新婚さんが多いですか？」
【仲介業者】「多いですね。新婚さんの場合、和室なし、広いリビング、追焚きは必須ですね。駐車場込みで７万５０００円から8万円くらいが中心だと思います。」
【私】「学生さんのニーズもありますか？」
【仲介業者】「この辺りは女子大があるので、親の仕送りがある女子大生が多くて5万～6万円くらいです。転勤シーズンで駅近だと8万~10万円程度だと思いますね。」

他にも、「対面キッチンは人気だが、実際には使いづらいためカウンターキッチンでない方が喜ばれる」「A道路とB道路の中間ゾーンは需要が多いが、それを外れると需要が激減する」「2LDKにするなら60㎡程度、1LDKなら45㎡程度は最低必要」等々、自宅でインターネットを介して調べるだけでは絶対にわからない情報がどんどん入手できます。

この「仲介業者との面談」は手間と時間がかかり、面談が得意でない方の場合、話しかける勇気も必要です。

しかし前述したとおり、面談すればするほどあなたの「面談技術」は向上します。面談技術が向上した結果、**面談時間も短い時間で聞きたい内容が聞き出せたり、より多くの情報を得ることができる**ようになり、仲介業者への訪問時間も短縮できるようになります。

また、いったん身についた面談技術は簡単には低下しません。そこで得た面談技術は一生ものなのです。そのため、ぜひとも時間と手間を惜しまず、より多くの仲介業者の方と面談しヒアリングして下さい。

この「仲介業者ヒアリング」という「動態調査」の目的は、「静態データ」で浮かび上がった「物件所在エリア」の「市場状況」を裏付けるための重要な調査です。そのことをぜひ忘れずにヒアリングに当たって下さい。

【内的調査分析】

●勝ち組大家が実践する内的調査分析、「3つの必須確認事項」とは？

外的調査分析の次は、内的調査分析です。要は、外的調査分析で浮かび上がってきた市場状況、競合物件の賃料設定、設備、仕様等から競合物件に対する競争力を担保する上で、実際に実現可能かどうかを確認しながら、具体的な仕様やリフォーム内容を決定していきます。

内的調査分析において必ず確認しなくてはならない事項は次の3つです。

▼「概算修繕予算」と「市場ニーズ」の整合性
▼どのような「修繕プラン」が可能か
▼「修繕箇所」「設備」の部材確認

この3点を、内的調査分析で調べていきます。

●概算予算と市場ニーズの〝整合性〟、絶対にはずせない重要ポイントとは？

外的調査分析において、仲介業者とのヒアリングの中で「最近はミストサウナが入った物件も出てきた」というくだりがありました。お風呂も、「通常よりも大きめのサイズを設置しているマンションが出てきている」というのです。

このような情報を入手すると、

【あなた】「えーっ、そんな立派な設備投資が必要なの？　予算を超えるけど、競合物件に勝つためには、やるしかないか……。」

【あなた】「そんな設備高すぎてできないよ〜。」

と思う大家さんも大勢いらっしゃることでしょう。

しかし、そうやって短絡的にリフォーム工事内容のグレードを、ミストサウナ等のように通常では採用できない設備まで上げて、真っ向から近隣競合物件に対抗していくとなると、当然のことながら本事例で実施するはずの「ローコスト戦略」で「費用を最低限に抑えつつ効果的に競争力を付与させる」という当初の目的と戦略から、どんどんかけ離れていくことになります。

そこで「ローコスト戦略」をとる場合は、本当にミストサウナが必要なのか？　大きいサイズのお風呂を設置した物件がこのエリアでは対競合上「普通」になってきているのか？　を市場状況から判断する必要があります。

実際にこのような「採算度外視物件」は市場に数多く存在します。よくよく調査すると、例えば「ミストサウナ」や「かなり大きいサイズのお風呂」を設置している物件があることが見えてきますが、それは「相続対策物件である」ことがほとんどです。

相続対策物件の場合、その物件の大家さんは「賃貸経営においての儲け」など最初から考えていません。というより、そもそも知らないのです。なぜならば賃貸経営を提案した建築会社やデベロッパーは「お持ちの土地に賃貸住宅を建てると相続税が安くなります」という「税負担軽減」を切り口に提案しているからです。

相続税対策で賃貸経営を始めた大家さんは、我々のように「賃貸経営で安定経営を目指した」、「キャッシュフロー」や「利益が残る健全な資産運用」などそもそも求めていなかったりします。アパート、マンション経営は、利回り数パーセントで十分、逆に大きな利益を出さないでくれ、なんて言っている大家さんもいるほどです。

「相続税対策目的の大家さん」と「安定経営によるキャッシュフローと高利回りを目指している投資家」とでは、全くもって考え方が違います。

不動産投資は、投資家の「資産背景フェーズ」や手持ちの「自己資金」「純資産」により取るべき投資戦略が全く変わってきます。即ち、そのエリアの市場状況、競合状況と、自らの資産背景に導き出された投資戦略によりおのずと必要な考え方が変わります。ですから、現実的に何が必要で何が必要でないかを調査した上で判断する必要が出てくるのです。

具体的には調査分析から「市場ニーズ」を明らかにして、そこから導き出された「コンセプト」「仕様」「設備」が決まったら、「概算修繕予算」とそのリフォーム工事を実現するために必要な金額が折り合いがつくかどうかを確認します。

ただし、そこで非常に重要なポイントなのですが、「概算修繕予算」については、あなたが取る「賃貸経営戦略」が、「ローコスト戦略」か「付加価値戦略」かによって、大きくその内容は違ってきます。

▼ローコスト戦略の場合　予算は「月額賃料の最大2年分程度」
▼付加価値戦略の場合　予算は「月額賃料の最大5年分程度」

では具体的に見ていきましょう。

●ローコスト戦略をとるなら、予算は「月額賃料の最大2年分程度」

この戦略は、文字通り入居対象者が「1円でも賃料が安い部屋」を探す「ローエンド層」となりますので、その「ターゲットニーズ」に伴い「リフォーム工事」においても「極力コストをかけず最低限のリフォーム工事を実施する戦略」です。「最低限のコスト」でのリフォーム工事ですので、一般的に「原状回復リフォーム」とも言います。

ただし、よく世の中一般に「家賃6カ月分」と言われる壁紙や床等の表装だけを交換する「原状回復工事」とは違います。こちらで示す「家賃2年分程度」とは、風呂やキッチンなどの「水回り設備」の交換を含めたリフォームを指します。交換に使用するユニットバス等も、色やデザインが他物件と同様のよくある廉価版となり、競合物件に対して設備や仕様、デザイン面での差別化要素は期待できません。そつなく、清潔感のある、普通の物件を仕上げることになります。

残念ながら、いくら頑張っても単に設備を刷新するための費用を極力抑えた「小手先のリフォーム工事」ですので、最終的に他の物件と変わらない何の変哲もない築古物件になってしまいがちです。そのため、賃貸住宅が供給過剰の現在の市場環境下では必然的に「賃料下落」は避けられません。あなたの「近隣エリア競合物件」の、「その他大勢の物件」と何ら変わりませんので、それ相応の賃料下落を織り込む必要があります。

これは「ローコスト戦略」の宿命です。賃料下落は下げ止まりを知りませんので、この戦略をとる場合は「賃料下落に耐えうる収支計画」と、コスト競争に勝ち残るそれ相応の資本力が必要です。

また実際にこの戦略を取ってみてわかったのですが、この「ローコスト戦略」の「最大のリスク」は**「1円でも賃料が安い物件を探す入居者層＝金銭的に細かい入居者」が対象となる可能性が高くなる**ことです。

即ち、入居の時に賃料や諸費用を値切り、退去の時にも原状回復費用を値切ってくる、家主からすれば結果的に賃料や諸費用を値切られ、実際にかかる原状回復費用も値切られ、家主が負担することにより「利益が出ない客」になる可能性もあります。

さらに「入居者属性」が「ローエンド層」になるに伴い、「家賃滞納」や「騒音クレーム」「不法占有」、そして先にあげた「原状回復費用負担リスク」等、**「家賃を下げて入居者を募集する」ことにより「不良入居者リスク」が飛躍的に高まる**ことも視野に入れて本戦略をとる必要があります。

これらのリスクは万が一トラブルに巻き込まれたら解決に法律家を入れたり、原状回復費用を大家が負担したりと、「百万単位」での費用負担が発生することを忘れてはなりません。安い賃料で勝負する「ローコスト戦略」は、**客付けしやすい一方で、実は非常にリスクが大きい戦略**でもあるということです。

また築年数が古くなるにつれ、仲介業者や管理業者の態度も変化していきます。彼らは入居希望者を内見に連れて行っても物件のセリングポイントがなければ決まらないため、「賃料を近隣相場より目に見えて安くしたい」「広告料等のコミッションを相場より弾んでほしい」といった要求を出してきます。

このように、そもそも家主の手残りが少ない賃貸経営において利益を圧迫する支出要因が大きくなる可能性が中長期的にみて発生することを理解したうえで、本戦略をとる必要があります。

●付加価値戦略をとるなら、予算は「月額賃料の最大5年分程度」

この戦略は、文字通り、改装する部屋に資本的支出を施し、付加価値を付け、その「付加価値」に対してお金を出してでもぜひ住みたいと思ってくれる層をターゲットとします。このターゲット層は基本的に「上場企業」にお勤めの方や住宅補助が出る「法人契約」の転勤族、看護師、医師、経営者の方等それなりの年収のある方がターゲットとなります。

近隣競合物件を調査の上で設備、仕様、デザイン等、全てにおいて競合物件を上回る仕様を施し、「出来ることは全てやる」というリフォーム工事です。（リノベーションとも言います。）ただし、この付加価値を狙った資本的支出を伴うリノベーション工事も、もしやるのであればリフォーム業者にぼられるのではなく、最低コストで施工する必要があります。

よく「賃料6万5000円程度では数百万円もリフォーム費用をかけられない」という大家さんがいますが、実は、その論理には大きく欠落している重要な観点があります。それは物件の竣工から建て替えまでの中長期でみた「ライフサイクルコスト」です（図⑭）。物件に備わっているユニットバスやキッチン、給水給湯管、排水管、給湯器、建具等の設備は入退去を繰り返し、使用を重ね、築年数を経るごとに確実に劣化し、いつかは必ず交換が必要になってきます。

⑭物件のライフサイクルコスト
例：RC造

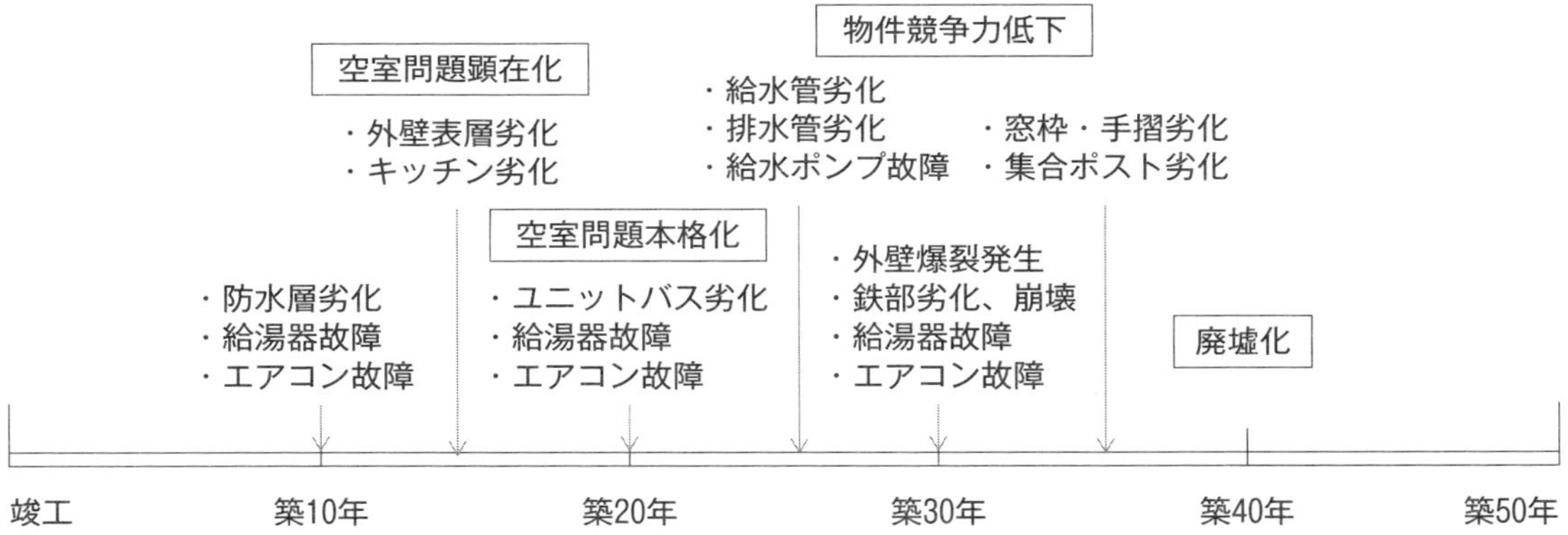

・退去都度、故障都度、劣化都度の中途半端なリフォーム工事は
1か所最低20万円～60万円程度、緊急工事の場合更に割高となる！
・確実に設備関係は劣化する為、どうせやるならまとめて
早くやった方が対競合上、コスト的にも絶対に有利！

例えばユニットバスは樹脂部分の色が変色したり、鋼板の壁が錆びて膨れたり、水栓もステンレスがくすんだり、ノブの樹脂部分が変色したりと、部分的に交換したとしても全体的に古めかしさを隠すことが確実に出来なくなります。浴槽は長年の入退去により確実に浴槽内に傷が増え、その傷に汚れが付着し、くすんでいきます。風呂の床パンもそうですね。

またキッチンでもステンレス部分や水栓はくすみが出たり、樹脂部や木部は変色したりシミが出たりして、部分的に交換したとしても築古感は残念ながら完全には隠せません。給水管や排水管などの配管も確実に経年劣化し、いつかは確実に間違いなく交換が必要になってきます。クローゼット等の建具類も、築20年であれば20年前に最新のデザインだった訳で、いくら塗装でごまかしても取手の金具だけ交換しても、全体の築古感は隠せません。

さらに、20年前に比べればライフスタイルは完全に変わっています。無線ＬＡＮやｉＰａｄもなかったですよね？　この完全に変わったライフスタイルと、あなたの賃室から生まれる価値提供、そして賃料の相克があり、アンマッチだから空室になるのです。

私は、「賃貸経営は居酒屋経営と同じ」だと思っています。だれしもが知る居酒屋チェーンワタミの社長、渡邉美樹さんは「居酒屋は必ず定期的に大改装、中改装を行う必要がある。時流に合わない店舗では決して客は来ない」と言い切っていますが、私は賃貸経営も同じだと考えています。

賃貸経営も築15～20年程度を境に、また改装工事全体の費用割合の中でも非常に大きい「劣化したユニットバスの交換が必要」ということをひとつの判断指標に、現在のライフスタイルに合致した設備仕様やコンセプトへ、いったんスケルトンへ解体し新たに居室を作り上げる「リノベーション工事」により建物の寿命保全の観点だけでなく「価値提供とニーズを合致させる必要がある」と考えています。

この「賃貸経営を俯瞰的に捉え資本的支出を戦略的に投下する」という考えこそが近隣競合物件へ対しての強力な差別化と成り得るのです。また確実に経年劣化により故障や交換が発生する設備、特に「水回り設備」は、不具合や故障によりいったん工事業者を動かすとなると、最低20万円程度、緊急性が高い場合は60万円程度修理にかかる場合もざらにあります。

「付加価値戦略」をとる場合の私の考えは、どうせ劣化して修繕や交換が必要な設備があり、パラパラと別々のタイミングで発生し、個別に修理して最終的にトータルでウン百万支払っても、何の変哲もない築古感漂う物件になり「家賃下落」のスパイラルに巻き込まれるのであれば、築15～20年程度のタイミングで「第二創業」と位置づけ、リフォーム工事費用を「**賃料の最大５年分**」**まで資本的支出をし、**「**給水給湯管**」**のレベルまで新築状態に戻し、建物寿命保全の観点だけでなく競争力も大きく付与**した方がよいと判断し、「付加価値戦略」に合致したリフォーム工事を施します。

当然それなりに費用をかけますから、工事はいったん居室を全て解体した「フルスケルトン状態」にした上で「間取り」も「LDKが広い間取り」に変更し、「採光タイプ」の「吊り可動間仕切り」や、「アクセントパネル、床パングレー、メタル調サーモスタット水栓」の「分譲タイプユニットバス」「追焚給湯器」「間接照明」「人工大理石3口グリル付コンロシステムキッチン」等、考えうる設備、仕様は全て投入します。その上で「良い入居者層」を狙う戦略が「付加価値戦略」です。

私の経験上、新築物件ですらここまでの仕様の物件はほとんどの市場においてありませんので、比較の世界である賃貸経営では、賃料設定をバカ高くしなければ確実に「良い入居者層」「良い賃料」で決まります。

この「良い入居者層」は、そもそも入居時に賃料や諸費用を値切るようなこともせず、また、社会的な信用や常識がありますので退去の際にも原状回復費用をしっかり負担してくれます。退去の際に「大家さんお世話になりました」と贈答品のタオルやお菓子を頂いたことさえあります。また、最も良い相乗効果は**「良い入居者層」は滞納リスクや、騒音クレーム、ゴミ分別クレーム等の賃貸経営に伴うリスクが最小化できる**点です。

即ち良い入居者層と付き合うと手間無く安心した経営ができるという訳です。

賃貸物件は「コミュニティの質」が重要になってきますが、付加価値戦略をとっている別の私の物件では、「本物件は一部上場企業にお勤めの方や経営者、看護師の方等、全入居者の方がちゃんと社会常識のある方々です。」とアピールすることで、コミュニティのブランド化をセールスポイントとして入居募集に訴求することができています。このハード面やソフト面だけでない物件のセリングポイントである「コミュニティのブランド化」は今後、ますます競争が激しくなる賃貸市場において生き残りのキーワードとなるでしょう。

本物件の場合、前述したように私の不動産投資1号案件でしたので「ローコスト戦略」の事例となります。（２０１１年8月の退去後、付加価値戦略へ転換。詳細は後述。）従って、「家賃５万円」の物件だとすると、1年間で60万円、2年間で１２０万円の家賃収入になります。本物件の通常賃料相場は7万５０００円でしたので、2年分の賃料をかけた最大１８０万円が、お風呂やキッチンなどの水回り交換を含めた「リフォーム工事」の予算となります。

次に「付加価値戦略」の場合を示します。同物件において２０１１年8月に退去が発生しました。退去時の状態もそこまで悪くなく、通常、壁床天井程度の原状回復工事で少し家賃を下げて募集することが通例の状態でしたが、リーマンショック、サブプライムローン等の社会的情勢の中、製造業の町である愛知県名古屋市の賃料市場は、加速度的な下落を示していました。

築古分譲マンション
商品価値を取り戻す加工必要

◆リフォーム前の間取り

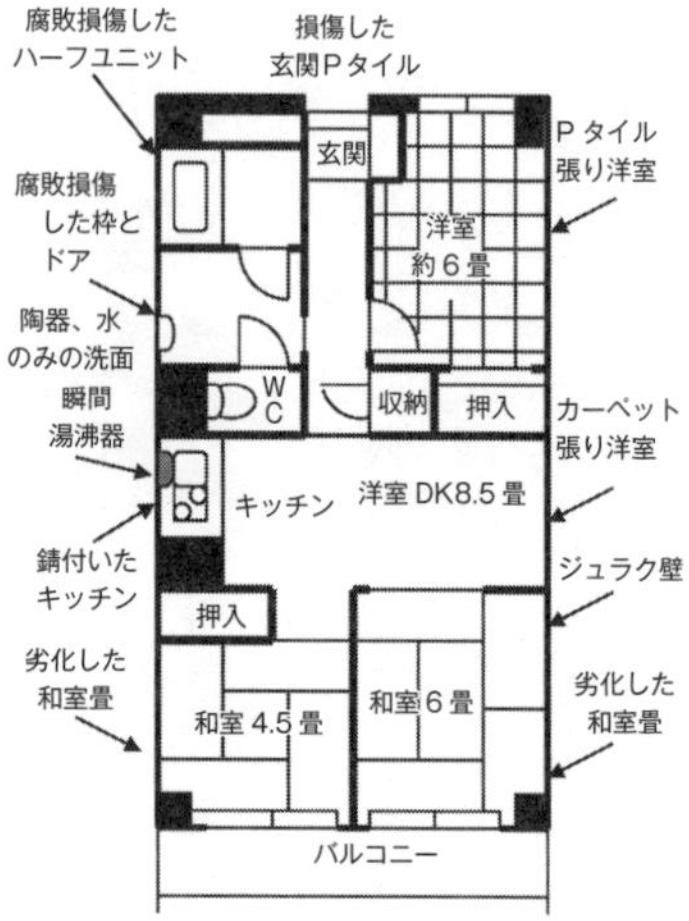

通常のリフォームによる
ローコスト戦略

◆リフォーム後の間取り
(2006年3月施工)

通常330万～120万円

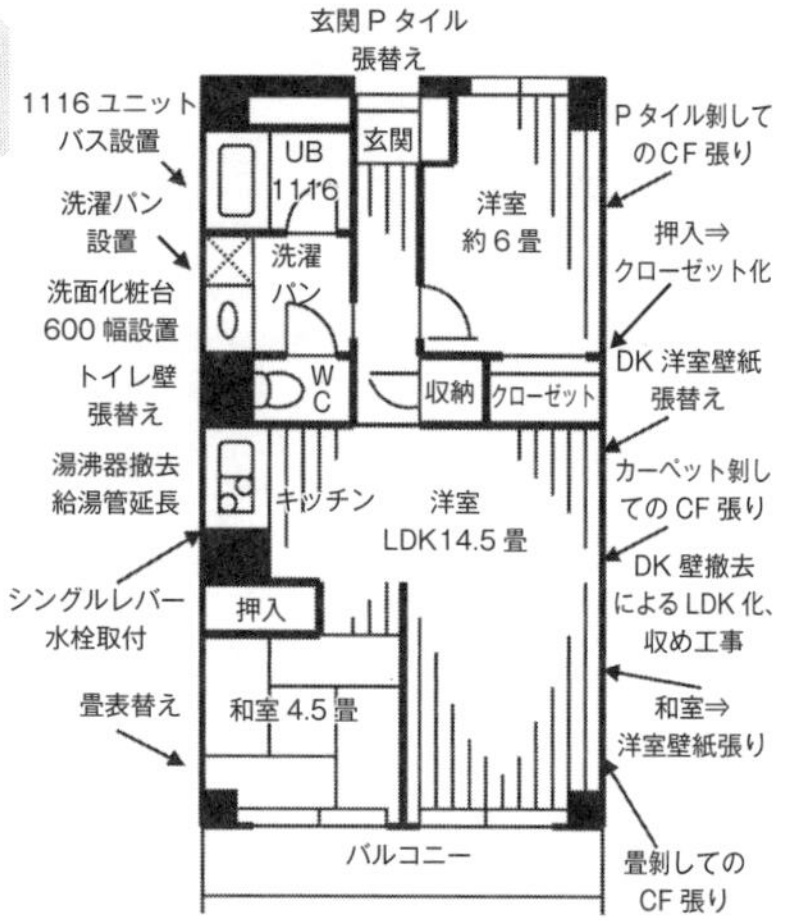

⑮リノベーションの例

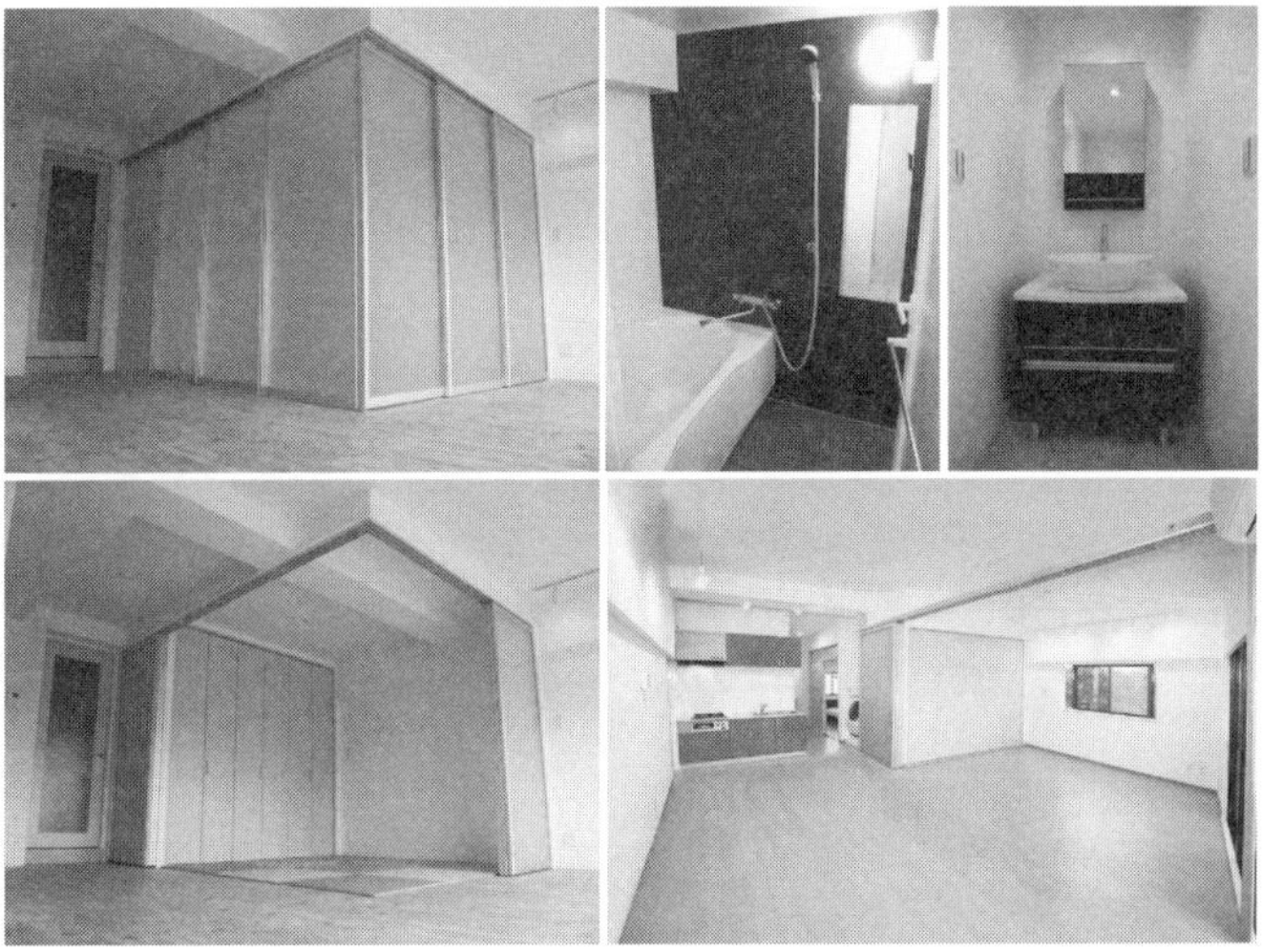

機能的リノベーションによる
付加価値戦略

◆現在
(2011年8月施工)

通常850万～650万円

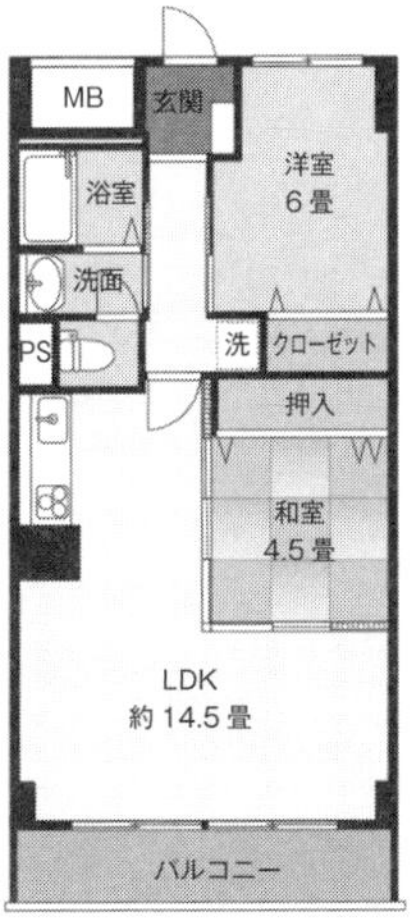

即ち「空室物件」が多いために供給過剰となり市場賃料が下がっていたのです。

その状況下で、本物件でとっていた「ローコスト戦略」では、競合物件に比較してもそこまでセリングポイントがないため、次の入居ではかなり賃料を下げることが想定されました。さらに一昔前と違って「市場相場」が下落することにより「入居者が強い」完全なる「買い手市場」となり、募集賃料から必ず「値引き交渉」が入るような市場状況となっていました。このような市場で「ローコスト戦略」をとると「賃貸経営リスク」、即ち「儲からないリスク」が加速度的に高まります。

「入居する時に値切られる」ということは「退去する時にも値切られる」ということです。賃料が5万円、10万円程度の賃貸経営において「退去時の原状回復費用」を、いかに正当に入居者に納得して頂いた上で請求するかは賃貸経営で利益を残すためには非常に重要な要件の一つです。さらには「賃料を下げて入居を受け入れる」ということは、その他の「賃貸経営リスク」も加速度的に高まるということになります。

そこで、私はその市場状況を鑑みた上で、本物件の戦略を従来の「ローコスト戦略」から「付加価値戦略」へ転換することにしました。より高属性で社会常識のある入居者を狙う「付加価値戦略」を取るため、再度解体によりスケルトン状態にした上で、間取りを刷新し、より広いＬＤＫへ、さらに高級グレードの分譲マンションでなければ装備されない設備である「彩光タイプ吊り可動間仕切り」、そして「床パングレー」「セパレートタイプ」「アクセントパネル」「メタル調サーモスタット水栓」の入った「定価100万円」を超える「分譲仕様ユニットバス」「追焚き機能」、さらに「ライティングレール」「スポットライト」「調光ボリューム付」の間接照明、「8尺クローゼット扉」の「大型収納」、水道管の手間のない交換を想定した「サヤ管ヘッダー工法」による「給水給湯管」の引き直し、「大型シューズボックス」「人工大理石トップ」「3口グリル付コンロ」「鏡面タイプ扉」の「システムキッチン」等、「できることは全てやる」という完全なる「フルリノベーション工事」を実施しました。

予算は本物件の通常賃料相場である7万5000円の5年分の賃料である最大450万円が、「付加価値戦略」、即ち「差別化」された「デザイン性」の高い分譲仕様、高級グレードのお風呂やキッチンなどの水回り交換を含めた「リフォーム工事」の予算となります。

●修繕プランと施工の可否、リフォーム工事企画の〝必須確認ポイント〟を知る

内的調査分析で、次に行うことが、実際の居室において「どのような修繕プランが施工可能か？」の確認です。本事例は区分所有となりますので、区分所有の場合を解説しましょう。

まず行うべきことは、「管理組合」が定める規定の確認です。物件を1棟丸ごと所有してい

る大家さんの場合、自分の賃貸経営戦略に則り、その戦い方に準じて決定した修繕プランを実施できるのですが、「区分所有」の場合は違います。

「マンション1室」の室内の権利だけを所有する区分所有の場合、そのマンションの「管理組合」の規定に従わなくてはなりません。例えば「フローリングは防音仕様LL45以上の床材を使用すること」や「釘は化粧釘を使用すること」等、その分譲マンションにより全く違います。それらの規定に従った施工をしなくてはいけないため、確実に確認し、リフォーム工事において規定されている必要な項目を押さえておきましょう。区分所有物件を所有される方は、この「管理組合との関わり方」も理解しておく必要があります。

本事例は私が競売で落札した当時「築30年」の物件（区分所有）でした。1974年に新築した物件ですので住民のほとんどの方がご高齢の方々でした。区分所有の場合、一定の戸数以上の規模になると区分所有法という法律に基づき管理組合を組成しなくてはなりません。管理組合とは読んで字のごとし、「建物を維持管理する組合」です。

この管理組合という組織は、そのマンション自体がひとつの町内のようなコミュニティであるため、その町内会を運営し、みんなで共同所有している外壁や廊下等の共有部分の寿命保全を目的とし、修繕計画を立案実施するほか、そのための修繕積立金を集金、貯蓄する等の機能があります。いくら所有している権利が区分所有だとはいえ、共有部分を含む建物全体の寿命保全は非常に重要です。

しかし築古マンションの区分所有は注意が必要です。それは築古マンションの場合、区分所有者同士の主張がくい違って「なかなか意見がまとまらない」という点です。年に一度、全区分所有者が参加する管理組合の総会があるのですが、この会議に出た時のこと、みなさんご高齢だからなのか、ご近所さん同士仲が良くないようで、みんな好き勝手な主張をしてなかなか結論が出ません。さらに●●派と●●派といった派閥のようなものがあり、お互い感情論になっている部分もあり、論点がずれて全く議題の結論が出ない状態で、まとまるものもまとまりません。

また私のような新参の若輩者が口を挟もうものなら余計にこじれる雰囲気の上、さらには「区分所有者が投資のために賃貸に出しているのは良くないことだ」という風潮までありました。そのため、本物件ではできる限り、「管理組合とは関わらない方が無難」と判断しました。

これはあくまでも、「築古」で、多くの所有者が高齢の場合で、かつ、区分所有者同士がうまくいっていない一事例です。本来は積極的に管理組合の活動に関わり、大規模修繕計画の立案やコスト削減にも大きく関与する方が、資産価値の保全上、区分所有者としても利益があります。

ここで重要な点は、このようなややこしい管理組合の場合、「管理規定」に反した修繕をしてしまうと、後々、確実にトラブルに発展するということです。もし管理組合との間にトラブルがあり、彼らから目を付けられてしまうと何かと面倒です。後々このコミュニティに住む入居者も、そのようなご近所さんとの関係は当然嫌がります。

修繕費を安く抑えることはできても、管理組合からの指摘により再度費用をかけて「やり直し」をしなくてはならなくなり、更には管理組合とも関係がこじれ何かと目を付けられる、といった状況では、入居者が「住みよい」と思える環境は作ることはできません。

「区分所有」の場合は、「管理組合」や他の区分所有者とは良好な関係を構築するのが一番です。そのための原理原則が「管理規約」に即した「リフォーム工事」です。必ずリフォーム工事を企画する前に管理組合が定める「管理規定」を手に入れてください。分譲マンション管理会社が入っている物件なら、併せてそちらに確認するのも手です。

本事例の場合の管理規約にはこのように記載がありました。

（専有部分の修繕など）
第17条　区分所有者は、その専有部分について、修繕、模様替え又は建物に定着する物件の取付け若しくは取替え（以下「修繕等」という）を行おうとするときは、あらかじめ、理事長（第41条に定める理事長をいう、以下同じ）に書面（様式第10号）によりその旨を申請し、承認を受けなければならない。

2　前項の場合において、区分所有者は、設計図、仕様書及び工程表を添付した申請書を理事長に提出しなければならない。

3　理事長は、第一項の規定による申請について、承認しようとするとき、又は不承認としようとするときは、理事会（第57条に定める理事会をいう。以下同じ）の決議を経なければならない。

4　第一項の承認があったときは、区分所有者は、承認の範囲内において、専有部分の修繕等に係る共用部分の工事を行うことができる。

5　理事長又はその指定を受けた者は、本条の施工に必要な範囲内において、修繕等の場所に立ち入り、必要な調査を行うことができる。この場合において、区分所有者は、正当な理由がなければこれを拒否してはならない。

（所有物件管理規定より抜粋）

以上にあるように、区分所有物件で修繕をする場合には、「届け出」が必ず必要になります。

「事前届け出」や「工程表」の提示は当たり前、前述したように管理組合によっては、部材の指定を細かく定めているところもあります。特に区分所有においては、この管理組合の定める修繕に関する規定の調査をおざなりに済ませてしまうと、後々必ず苦労します。

所有する部屋の向こう三軒両隣、また、上階と下階は「菓子折り持参」で挨拶はもちろん、管理組合の理事長さんへのご挨拶も確実にした方がいいです。私の実体験から、必ずこれらは押さえておくべきポイントのひとつです。

●修繕箇所と部材の実勢価格、知識ゼロから相場観を掴む方法とは？

「修繕内容」が決まり、「管理組合」の規定から「できること」と「できないこと」の確認も済ませました。しかし、リフォーム工事に関して知識や情報も元々ない「初心者大家さん」はこの段階ではまだ、「修繕に必要な部材」がいくらくらいするのかという「相場観」がないのはもちろんのこと、リフォーム工事を構成する項目とはどのようなものかさえわからないと思います。

もしあなたが「工事業者にすべて丸投げ、お任せしますからいいようにやってください」という方針なら、工事に必要な部材価格なんてわからなくてもＯＫです。でもそのあたりは極めて不透明な建築業界のこと。「業者にお任せ方針」でいけば、本来数十万円で収まる「リフォーム工事」ですら、確実に「数百万円」という工事業者の「粗利の塊」のような、とんでもない金額で見積提示をされてしまいます。

「いやいや、私は「安くして」「まけて」と値切るから大丈夫」とおっしゃる大家さんもいらっしゃるでしょうが、「まけて」「安くして」と言って金額が下がるほど、リフォーム工事業界は甘くはありません。残念ながら「論理的にコストを削減できる緻密な戦略」がなければ「リフォーム工事費」を下げることは絶対に不可能です。

東南アジアなどの発展途上国での海外旅行中にこんな経験はありませんか？　ある品を買おうと思ったが、現地の店員は「６００」と言う。旅行ガイドで「言い値で買ってはいけません。旅行者だと思って吹っかけられます。まずは値切りましょう」と書かれた記事を読んでいたあなたは、片言の英語で「３００なら買うよ」と言う。店員は首を振り、「５００」と答える。必死で交渉し、結局４００で商談成立。「最初の値段より２００も安くなった！」と喜んでいたけど、後ほど別の店でその品が３００で売られていることを知る。あるいは、現地の人が２５０で購入しているのを知る。やられた！　と思いませんか？　要は値段を知らないだろうと足元を見られ、吹っ掛けられているわけです。

「リフォーム工事」に関する「部材」や「工事費用」の「相場観」が必要なのは、これと同じ理由からです。工事業者と交渉する時、どのような部材が必要で、その部材がどれくらいの価格で一般に流通しているのか、また施工にはどのくらいの時間と手間がかかるのかを知っているかどうか、即ち**「材料」と「工事手間」の「相場観」を知っているかどうかで**、「本当に安くできるかどうか」が決まります。知識ゼロで交渉をしたとしてもリフォームコスト削減に成功できないのは確実です。はっきりと断言します。

では、具体的にどのようにして相場観を体得すればよいのかをご説明します。何も知らない初心者大家さんが「リフォーム工事」における「部材」の「相場観」を身に付ける方法は、実は非常に簡単です。それは、**「ホームセンター」に行って「リフォーム工事」で使用する部材の「実勢価格」を調査する**のです。

私の現在所有する会社は「建材」を製造する「製造メーカー」と直接売買契約し「メーカー」から直接建材や部材を購入していますが、その場合と比較すると、当然ですが「ホームセンター」の値段は高いです。その理由は「メーカー」→「一次代理店」→「二次代理店」→「施工店」→「大家さん」と、日本国内における「建材」の流通モデルは図⑯のような「代理店」が在庫や配送の機能を持ち市場をカバーしながら各ポジションでマージンを取る「代理店モデル」だからです。しかし「メーカー」と「売買契約」を交わし、「代理店」の「中間マージン」をカットして部材を購入するためには100億、200億、場合によっては数百億とい

⑯部材の流通構造

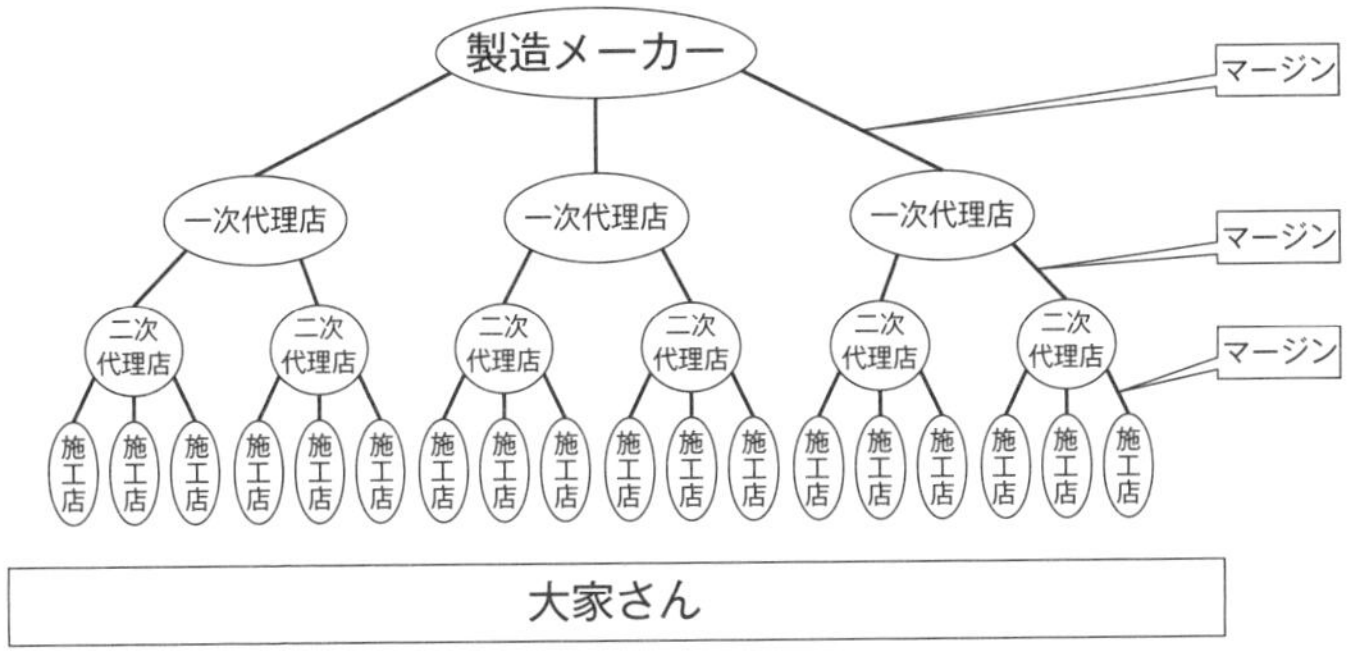

う莫大な購買ボリュームと物流コストを考えた上での大ロットでの発注が必要です。

素人や零細大家にそのような莫大な購買ボリュームがある訳がないですよね。一般の大家さんが通常メーカーから直接部材を購買するのは無理な話です。また「１個」や「２個」購入したいから「最安値」で部材を分けてほしい、と言ったところで当然ながら相手にしてくれません。

しかし「ホームセンター」は、大家さんが「１個」や「２個」の**「小ロット」で購入する場合は、確実に「最も安いコスト」で「部材調達」が可能**です。なぜならばホームセンターは「集中購買」による「スケールメリット」で「低コスト」で大量仕入れし全国津々浦々にある流通店舗で「小売り」する「ビジネスモデル」だからです。大ロットではなく１個単位でものを購入する場合は、確実にホームセンターが安いという事実を押さえる必要があります。

流通網が進化した現在、「ホームセンター」は全国各地にたくさんあります。あなたが部材の「相場観」を掴むために「ホームセンター」を訪問する際には必ず「戦略」を決めて、「実勢価格」の調査を行ってください。なぜならば**「ホームセンター」には、それぞれ企業ごとに得手不得手がある**からです。

A社は、扱っている商品についてスタッフが非常に詳しく、工具等の使い方も丁寧に指導してくれます。そのようなホームセンターは、「どのような部材があるか」「どのような工具があるのか」等の情報を集めて勉強するのに非常に役に立ちます。一方、B社は、商品ラインナップにプロユース仕様のものが多いのが特徴です。例えば「モルタル」一つとっても種類が豊富で、5種類くらいあったりするので、常に職人さんで賑わっています。ただし店員さんはあまり数が多くなく、商品に詳しくありません。またC社は、農耕関係の商品が非常に多く山間部に重点的に出店しています。

一見同じに見えるホームセンターも、このようにそれぞれのカラーがあります。「ホームセンター」ごとの得手不得手を見極めた上で、情報収集する必要があります。

この時、「店選び」の判断に役立つのが、「パートさんと社員との比率」です。私が知っているある企業は、フロア面積は広く扱っている商品も多いですが、社員はたった2人しかいません。あとの５名近くのスタッフは全てパートさん。そういうホームセンターでは、「今の季節に何が売れるか」しか考えておらず、「品選び」も「卸元任せ」。そういう店よりは、「より店員が施工や工具に詳しいホームセンター」で情報収集をした方が役立つでしょう。言うならば、顧客主義の「イトーヨーカドー」と価格戦略の「ダイエー」のような違いです。「顧客重視のイトーヨーカドー」なら、スタッフを通して様々な勉強ができるし、「安売り重視のダイエー」では市場における現在の最安値がわかります。

また「ホームセンター」を活用するという観点ではもうひとつ、非常に重要な活用ポイントがあります。それは「ホームセンター」は基本的に、ＤＩＹ、「Ｄｏ　ｉｔ　Ｙｏｕｒｓｅｌｆ」、日曜大工、即ち、お客さんが部材をホームセンターで購入し、自ら施工をすることを推奨するために「施工手順」を無料で紹介しているのです。どの「ホームセンター」にも必ずあるのが「施工手順解説リーフ」です。実は「**リフォーム工事」の中身を知るためには、このホームセンターに常備されている「施工手順解説リーフ」が非常に役に立つ**のです。

例えば「壁紙の張り方」や「混合栓の交換と水漏れ修理」「網戸の交換方法」等、あらゆる工事項目について、必要な部材と施工の流れが「イラスト付き」で紹介されています（図⑰）。これらの「リーフ」を集めて、読み込んでいくだけで、「リフォーム工事項目」の具体的な工

⑰施工手順解説リーフ

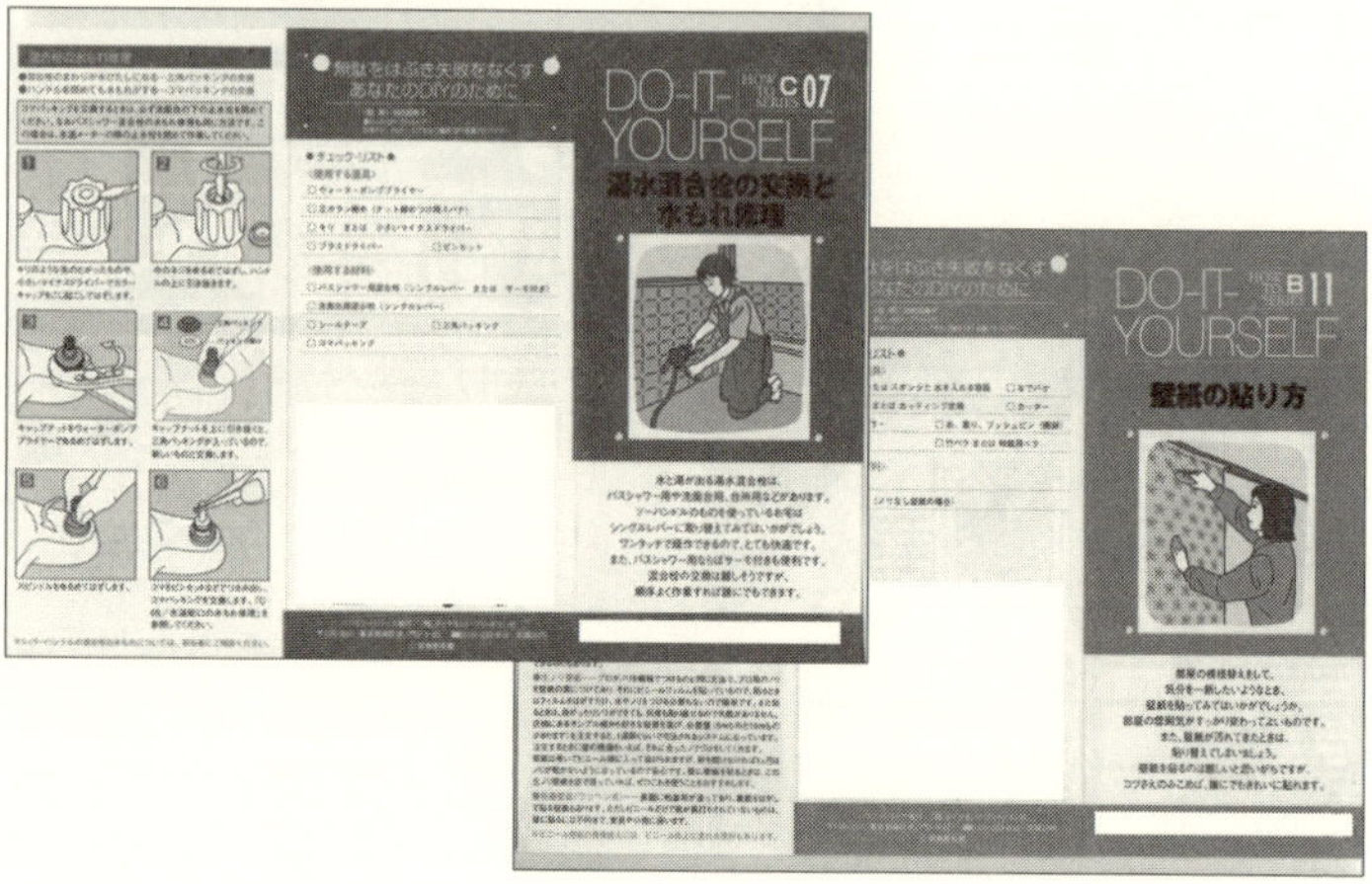

程、工法がほぼ把握できます。またどのくらい手間がかかるかも容易に想像がつくと思います。「ホームセンター」で「施工手順」の「リーフ」を集め読み込む、このプロセスは自分が施工するためではなく、あなたが「リフォーム工事業者」に見積依頼をする際に、その施工予定箇所の**「施工手順」や「どのくらい手間がかかるのか」を把握する**ために行うのです。この「どのくらい手間がかかるのか」が、最終的に業者の人手から構成される施工費用に影響してきます。

今回、本書で紹介している内容は全て私自身が実際に行ってきたことですが、2005年、不動産投資第1号案件に着手した当時、建築についてド素人だった私も、初めはこの「ホームセンター」での「部材実勢価格調査」と「施工手順解説リーフ収集」及び「熟読」によって、「リフォーム工事」の知識を持つことから始めました。ここで得た知識がどれだけ役に立つのかは後程詳しく説明します。

【物件企画決定】

●勝ち組大家が実践する「物件企画」の本質とは？

「外的調査分析」、そして「内的調査分析」からあがってきた情報を元に多角的に分析した結果、ようやく「物件企画決定」となります。繰り返しになりますが、もっとも重要なポイントは、次の点です。

▼「市場状況」を鑑みて「競合物件」を見据えた上での「差別化項目」は何か？
▼それぞれの差別化項目に関しての「重要性」「実現性」「家賃設定」はどうか？
▼その「物件所在エリア」にはどのような層の人が多く住んでいて、需要が最も見込める物件はどのような間取り、仕様、設備なのか？
▼あなた自身の「賃貸経営戦略」に基づき、どのような戦略で戦う事を想定し、どこまで修繕

費用をかけるのか?

▼その物件における実現可能な修繕プランはどのようなものか?

「外的調査分析」「内的調査分析」の2つの調査分析の側面から、そしてそれらの調査から見えてくる「本質」から、私が本事例で決めた「リフォーム工事項目」は次の通りです。

【ローコスト戦略リフォーム工事内容】

▼「3DK」の壁面を解体して「2LDK」へ間取りを変更、及び和室の洋室化

▼「ハーフユニットバス」の既設撤去及び「1116ユニットバスセパレートタイプ床パングレー」の新品設置

▼「洗面台」既設撤去、及び「洗面化粧台」「新品」設置

▼上記に伴う「給湯管新設設備工事」

▼「室内洗濯パン」新設

▼上記に伴う「排水管新設設備工事」

▼瞬間湯沸器、既設水道水栓撤去、及び「給水給湯シングルレバー混合水栓」設置

▼上記に伴うキッチンの穴あけ加工

⑱ユニットバスの構造（断面図）

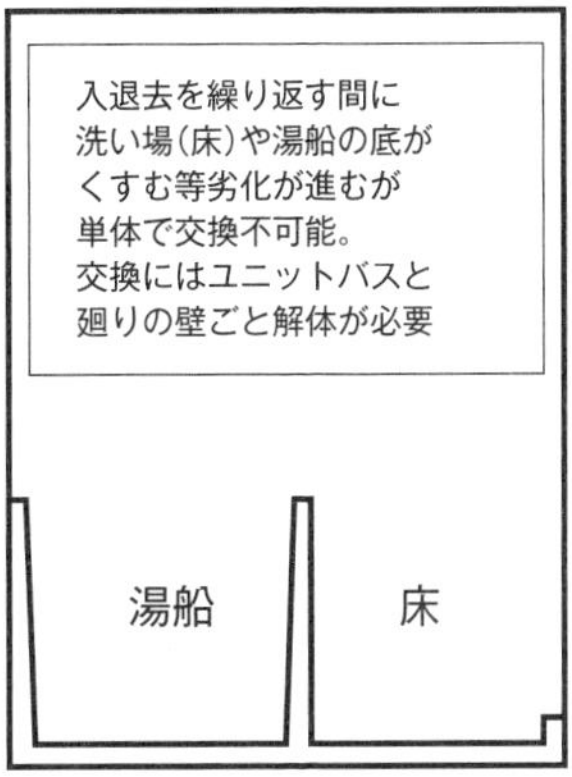
入退去を繰り返す間に
洗い場（床）や湯船の底が
くすむ等劣化が進むが
単体で交換不可能。
交換にはユニットバスと
廻りの壁ごと解体が必要
湯船
床

一体型タイプ

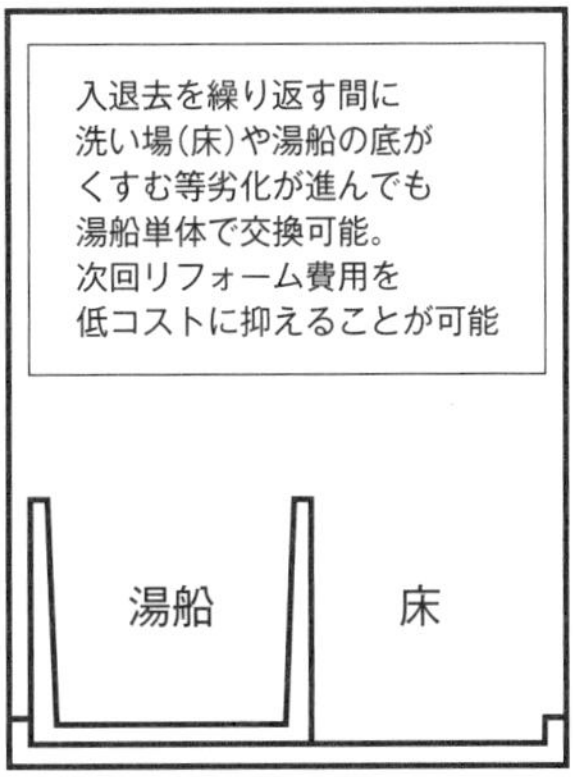
入退去を繰り返す間に
洗い場（床）や湯船の底が
くすむ等劣化が進んでも
湯船単体で交換可能。
次回リフォーム費用を
低コストに抑えることが可能
湯船
床

セパレートタイプ

▼「玄関床面」タイル面張替え
▼「床面積55㎡」の「床全面張替え」
▼壁面「壁紙全室全面張替え」
▼天井面「全室全面塗装」
▼「防犯対策ディンプルキー」設置
▼「防犯対策カラーテレビドアホン」設置

この中で特に着目すべきものは「お風呂」です。
私は既設の「ハーフユニットバス」を撤去し、「1116ユニットバスセパレートタイプ床パングレー」を設置することにしました。
「お風呂」には、「セパレートタイプ」と「一体型」があるのをご存知ですか？（図⑱）
「セパレートタイプ」とは、「お風呂」の「床」と「湯船」が別々の部品になっているタイプです。

簡単に言うと、床の上に「湯船」が乗っている構造です。

一方、「一体型」とは、「床」と「湯船」が「一体」の部品で構成されるタイプです。最も安いユニットバスは、この「一体型」です。よくビジネスホテルや単身の1R物件等にある、色が白いタイプのものです。でも、実はこの「一体型」の色が白いユニットバスには、非常に重要な難点があるのです。

それは、賃貸経営を続けていく以上、必ず「入退去」を繰り返すことになりますから、その間に「湯船」や「床パン」は確実に傷が入り色がくすんできます。更にこの「一体型」は色がホワイトやアイボリーですから、色のくすみ、即ち「経年劣化」が非常に目立つのです。

更に悪いことに、この「一体型ユニットバス」は簡単に「湯船交換」の修理ができません！もし経年劣化により「湯船を取り換えたい」と思った時、「一体型」は、何と「壁と床ごと壊して一からユニットバスを設置交換」しなくてはならないため、退去に伴い次の「客付け」に必要な「生活感」を消すべく交換しようとすると、とんでもない手間とコストが発生するのです。

一方、私の選んだ「湯船」と「床パン」が別々の「セパレートタイプ」は、「湯船単独」で交換が可能なのです。さらに「床パングレー」を選ぶ理由は、入退去に伴う「床パン」のくすみが通常のホワイトやアイボリーのものに比べて非常に目立ちにくいという理由からです。

つまり、「一体型」は、「イニシャルコスト」は非常に安いが、修理が必要になった時にかなりの費用がかかる。一方の「セパレートタイプ」は、「イニシャルコスト」は多少かかるが「湯船」の劣化が進み「生活感」を消すために交換が必要になった際には、「一体型」と比べて「非常に安価に交換が可能」ということです。

建物は新築であろうが中古であろうが年数が経つと確実に劣化し、設備等は必ず修理や交換が必要になってきます。また室内設備だけでなく、外壁塗装や防水工事等、賃料収入に比べて非常に大きな支出が定期的に発生します。

不動産投資をする時には、この「大規模修繕コスト」や「リフォームコスト」を常に頭に置いておかなくてはなりません。この先確実に発生する費用の支出を考えて、**イニシャルコストを抑える一方で後々の大きな支出リスクを取るのか、**あるいはまた、**初めにイニシャルコストを大きくかけてでもトータルでの支出を抑えるのか、**どちらが自らの賃貸経営にとってプラスになるのかを、緻密に検討して選択する必要があります。

本事例の場合、「ローコスト戦略」ではあるものの、現実的な範疇で「イニシャルコスト」が多少かかったとしてもトータルでのライフサイクルコストを考えたリフォーム工事を実施しました。「物件企画」「リフォーム工事項目立案」の「本質」は、必ず「中長期的視点」により必ず劣化する設備の維持、メンテナンスを考えたライフサイクルを勘案した「リフォーム工事」にすることが非常に重要です。

●物件企画が決まった後の〝3つの必須作業〟とは？

「物件企画」が決定したら、「調査分析フェーズ」から「業者検索フェーズ」へと進みます。実際に業者に見積依頼し、どの業者に「リフォーム工事」を依頼するのかを具体的に決定していきます。「素人大家さんが陥りやすい失敗」は、何の戦略もなく、いきなり「リフォーム工事業者」を探し始めることです。これは絶対にやってはなりません。

何の戦略もなければ、素人大家さんの場合、確実に工事業者に足元を見られ、低コストにリフォーム工事見積を取得することは確実に無理です。また**業者への見積依頼のチャンスは1案件において1業者1回きり**です。それは、業者がいったん提出した見積が今後の全ての交渉の土台となるからです。

いったん出された見積が業者の粗利がしっかり乗っている割高な見積の場合、そこから削減できる金額はたかが知れています。ですから1回目の見積から「割安な見積」を取得し、さらに贅肉を省いた「アスリートのような見積」に交渉していくのです。

そのために、素人大家さんがリフォームコストを低コストに抑えるために重要なことは、「緻密な戦略に基づく見積依頼」です。

では具体的な「業者検索方法」をご説明しましょう。しかしいきなり業者検索をする訳ではありません。業者検索の前に、実は必要なのは「緻密な見積依頼の準備」です。具体的には以下の３つの作業を準備します。

▼「概略図面」の作成
▼「概略図面」への「修繕箇所」及び「修繕項目」の箇条書き
▼「業者検索」の準備

これらについて、次章では詳細に説明していきましょう。

第３章　「業者検索」から「選定」まで　コスト削減の全てが決まる！　46社当たってわかったリフォーム工事の〝カラクリ〟とは？

【概略図面作成】

●〝業者の術中〟に陥らないために　概略図面作成〝3つの重要ポイント〟とは？

一次見積を取るために、まずは「概略図面」を作成します。この概略図面は、実は工事業者検索において「非常に重要なツール」となります。その理由は、この「概略図面」が「リフォーム工事業者」との「一番初めの接点」になるからです。さらにここであなたが知っておかなくてはいけないのは、**「リフォーム工事見積」は「見積依頼をしても業者から辞退される可能性がある」**ということです。

意外に知られていませんが、「工事見積」というものは見積作成自体に手間とコストが掛かります。新築案件などの場合は「積算事務所」という専門業者が存在し、その見積積算に数十万、案件規模によっては数百万円というコストがかかります。

規模が小さな「リフォーム工事」であっても、実際に現地に赴き、現地を採寸し、日々の工事現場が終わってから事務所で分厚い建材カタログをめくって使用部材を検索、決定し、建材メーカーに問い合わせをしたり、実際に作業を依頼する大工さん、水道設備業者、電気業者、壁紙や床等の内装業者、塗装業者等、多くの専門業者との打ち合わせを必要とします。

また小さな案件でも、かなりの書類作成の手間が発生します。「リフォーム工事業者」は「決まらない案件」「儲からない案件」には極力手間をかけたくないのです。そのため、その「工事案件」が業者から「儲からない」と判断された時、見積提出を辞退されることもかなりの確率であり、場合によっては見積作成のための「現地確認」すら辞退されることもあります。

その一方で、工事業者は「儲かる可能性がある」と判断した案件のみ話を進めます。しかし「リフォーム工事業者が儲かる」＝「大家が損をする」という構図が示す通り、彼らの〝術中〟にはまっていては、「低コスト」に「リフォーム工事」をすることはできません。その駆け引きは、この「概略図面」をＦＡＸした時から始まっているのです。

彼ら「リフォーム工事業者」は、この「概略図面」をＦＡＸ、もしくはＥメールで受け取った後、必ず電話をかけてきます。その一番の目的は大家であるあなたを値踏んでいるのです。彼らの思考実態はこうです。**「その案件が実際に高い確率で発生するかどうか？」「あなたが過去にどのような工事を経験したか？」「あなたが工事金額の相場に詳しいかどうか？」**等、この電話による会話で得られた情報を、彼らは見積作成をする際の「価格設定の判断材料」にします。

また、連絡してみた結果、そもそも、その案件が「見積作成の手間を掛けても案件が発生しない」、あるいは「単なるあて馬の見積」と判断された場合、確実に見積提示を辞退してきます。そのため、工事業者にはこのタイミングでは確実に案件が発生し、かつ現地に赴く前から、あらかた**工事案件の規模や内容がより明確に判別できるような概略図面を用意する**ことが、より多くの工事業者から見積提示を受けるためのポイントとなります。

概略図面作成における3つの重要ポイントは以下となります。

▼工事予定箇所が全て網羅されている
▼寸法が記載されている
▼工事予定時期が記載されている

これらが「概略図面作成のポイント」です。この「概略図面」に可能な限り今回の工事内容詳細を記し、各箇所の寸法も入れ、実際に案件が発生し、そのFAXと電話だけで大体の工事規模を適切に業者に理解してもらうことが重要となります。

●「概略図面」における「修繕箇所」記入の注意点と具体例を公開

「概略図面」は手書きでも何でも結構です。新築時の「間取り図面」があれば、それを活用して頂いても結構です。「概略図面」には、「今回改装を予定している箇所」を箇条書きで直接記入していきます（図⑲）。

例えば「和室2室のうち6畳の方を洋室へ変更、ただし壁が土壁のような壁です。」や、「この壁を壊し2LDKへ変更」「現状壁面、ビニールクロス」「床はクッションフロアへ変更」「室内給湯器を撤去。シングルレバー混合水栓へ変更」「風呂交換、及び、洗面化粧台設置、洗濯パン新設の予定」などと具体的に記入していきます。また図面へ矢印等を記入して箇条書きと併せてわかりやすく記載していきます。各箇所の「寸法」も実際に測った上で記入していきます。

6畳間も、端から端まで何メートル、天井まで何メートル等、より細かく書き込むことが重要です。この寸法の記載があることで、業者はこの「概略図面」からあらかたのコストを見積もることができます。「概略図面」から、あらかたの「工事規模」や「原価」などが割り出せるということは、実際に現地に赴く前にある程度工事に対して取り組むかどうかの判断がつきますので、より多くの業者があなたの案件に参画しやすい状態になるため、今後のプロセスにおいて有利に展開する可能性が出てきます。

【業者検索】

●〝コスト削減の成否〟を分ける！　「工事業者検索」の「準備」と「手順」

実際に「リフォーム工事業者」を検索していくプロセスに入りますが、実際にどのようにして「工事業者」を検索すれば、最も「低コスト」に、またしっかりとした「工事品質」で最後まで仕上げてくれる業者と巡り合えるのか？

「1室単位」での「リフォーム工事」においてベストな「工事業者」を効率的に引き当てるためには、それを実現させるための準備が必要となります。一般的に知られている「工事業者」

⑲「1次見積用概略図面」の具体例

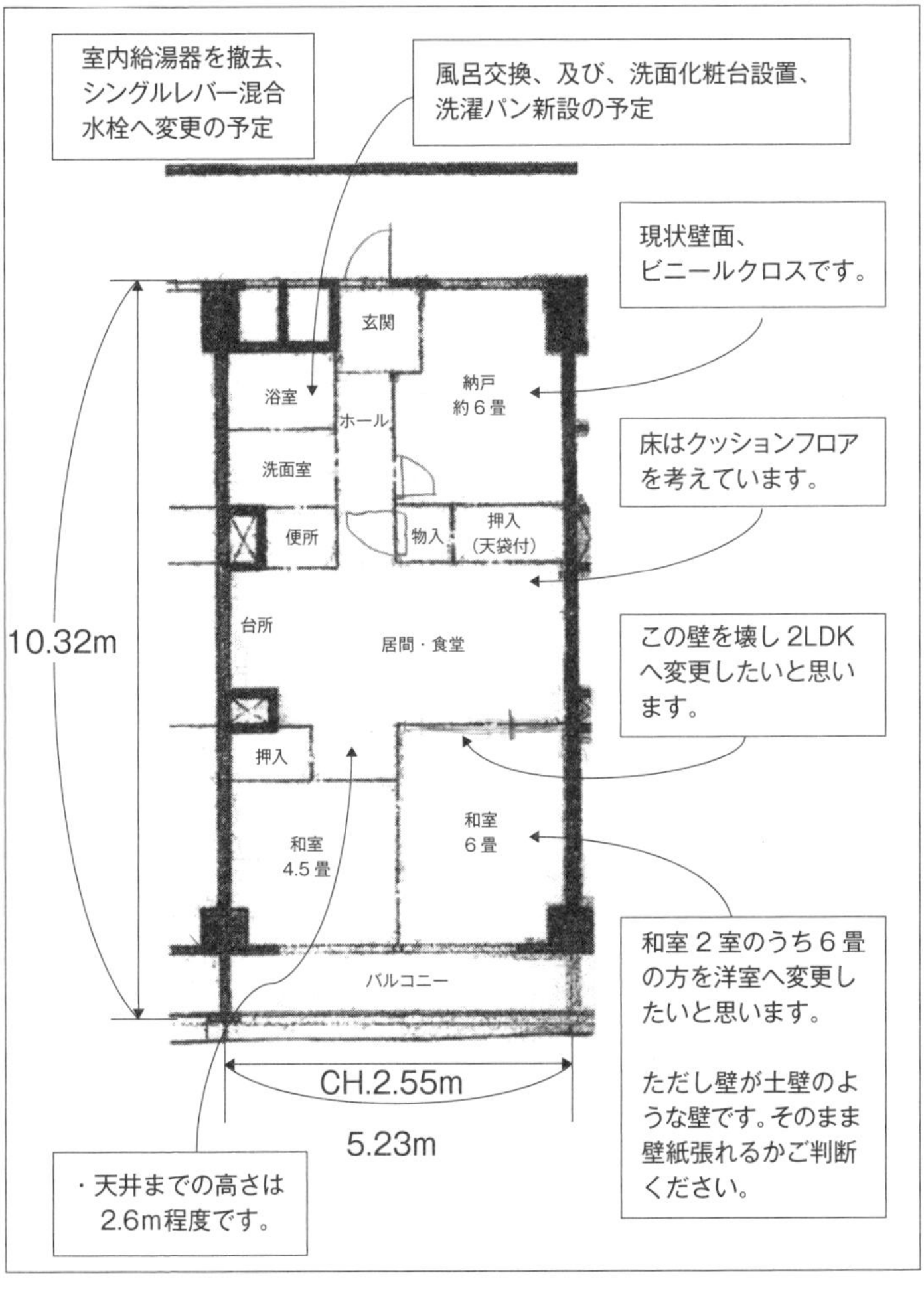
室内給湯器を撤去、シングルレバー混合水栓へ変更の予定
風呂交換、及び、洗面化粧台設置、洗濯パン新設の予定
現状壁面、ビニールクロスです。
床はクッションフロアを考えています。
この壁を壊し 2LDKへ変更したいと思います。
和室2室のうち6畳の方を洋室へ変更したいと思います。
ただし壁が土壁のような壁です。そのまま壁紙張れるかご判断ください。
・天井までの高さは2.6m程度です。
玄関
浴室
ホール
納戸
約6畳
洗面室
便所
物入
押入
(天袋付)
台所
居間・食堂
押入
和室
4.5畳
和室
6畳
バルコニー
10.32m
CH.2.55m
5.23m

の「情報検索媒体」は一般的に次の3つです。

▼インターネット
▼タウンページ
▼折り込みチラシ、ミニコミ誌

では最も「低コスト」で、かつ、しっかりとした「工事品質」で、最後まで責任もって仕上げてくれる、いわば組むべき「リフォーム工事業者」を検索するために、最も効率的な媒体はどれだと思いますか?

それは「タウンページ」です。「インターネット」と思われた方も多いと思いますが、正解は間違いなく「タウンページ」です。

その理由は、「工事業界」は「IT化」が非常に遅れているからです。裏を返せば「IT化」が進んでいる業者、即ち**「集客にインターネットを駆使している業者」には仕事が集中し仕事に困っていないため、提示してくる見積金額も必然的に割高**です。

また「集客にインターネットを駆使している業者」は基本的に「元請け業者」です。この

「元請け業者」は、自社で施工部門を持たない「工事業者」だけでなく、営業のみを行いマージンを抜いて「下請け」へ投げる「営業会社」も含みます。工事業者は皆、「利益が出ない下請け工事」よりも、直接依頼主とやりとりできて、「しっかりと利益の出る元請け工事業者」に進化することが、全工事業者の生き残りのための至上命題となっています。

コストに厳しく、工事相場観を熟知している元請け業者から仕事をもらうより、工事に素人で工事の相場を全く知らないエンドユーザーから仕事をもらう方が、工事業者にとっては利益がでるのは火を見るより明らかですよね？

そのため、工事業者はエンドユーザーから直接仕事を受ける「元請け」になるべくインターネットを活用し案件受注活動を展開しています。ですから、我々が探すべき最も「低コスト」で、かつしっかりとした「工事品質」で、最後まで責任もって仕上げてくれる工事業者、いわば組むべき「リフォーム工事業者」を探すためにはインターネットは不向きなのです。

その一方で「タウンページ」は非常に向いています。その理由は、「元請け」でなく、「下請け」に甘んじている工事業者が非常に多く掲載されているからです。では具体的に「タウンページ」でどのようにして検索していくのかを説明していきましょう。

●コスト削減のプロが実践する〝業者検索〟の考え方

「業者検索」において「インターネット」ではなく「タウンページ」が向いていると説明しました。その理由として、「元請け」でなく、「下請け」に甘んじている「工事業者」が非常に多く掲載されているということを説明しましたが、実は、「タウンページ」が「業者検索」において非常に優れている点がもうひとつあります。それは、**「どのエリアに工事業者が多いのか」が、一目瞭然である**ということです。具体的に説明しましょう。

例えば、「工事」に関するページをめくると「リフォーム（住宅）」「外装」「内装」「水回り」、そして「関連職業分類」として、「エクステリア工事」「建築工事」「耐震診断」「建物解体工事」「土木建築」「土木工事」「ひきや工事」「プレハブ建築」「ブロック工事」「防音工事」「屋根工事」と、「専門工事ごと」に記載されています。

ここで注目するべき点は、「タウンページ」は「エリアごとに記載が分かれている」という点です。例えば、「内装工事」の項において、「愛知県名古屋市中川区」は業者件数が約２５０件、一方の愛知県名古屋市東区は約50件と、中川区は非常に業者数が多いことがわかります。

これは何を示すかというと、中川区は「工事業者が多いエリアである」ということです。実際に愛知県名古屋市にはサンゲツという内装材メーカーの本社がありますが、担当の話によると、中川区は愛知県内で最も内装業者が多く、担当営業も1つの区の中に2名担当を配置しています。「工事業者が多い」ということは、それだけ「値引き合戦も激しい」ということです。「数軒しか工事業者がないエリア」より、「何十軒もあるエリア」の方が、「安い工事費用」で「高い工事品質」を提供してくれる工事業者と巡り合える可能性が高いということは容易に想像がつくかと思います。東京都でいえば、「内装業者」は世田谷区に約50件、足立区は約150件、中央区は約30件、というように、あなたの物件所在エリアにも必ず「業者が多いエリア」があり、またそれは「タウンページ」を見ることで判別することが可能です。これらを業種ごとに「リスト化」し活用していきます（図⑳）。

よくある質問が、「物件所在地からどのくらいの範囲までが業者へ対して見積依頼が可能でしょうか?」という質問です。私の経験上、物件所在地から半径30キロ圏内程度であれば、普通に来てもらえます。また現在取り組み中の仕事が少ない業者であれば、50キロ圏内でも全く問題なく来てくれます。工事業者の繁忙度合いにより50キロ圏内を目安に見積依頼の範囲と考えて下さい。

あなたの物件所在地にも、工事業者が集中して所在するエリアが必ずあります。この工事

業者が集中するエリアを重点的に見積依頼エリアとすることが効率的に組むべき工事業者と巡り合うためのポイントです。

●〝アプローチするべき工事業者〟と〝そうでない業者〟はここで見分ける

「インターネット」を集客に活用している「工事事業者」は、仕事の依頼が集中しているため、「値引き交渉」に応じてくれる可能性が低い、という話は前述したとおりですが、実は「タウンページ」においても同じことが言えます。それは「タウンページ」の誌面において**「大きな広告」を出している「工事業者」は、**「タウンページ」で検索するユーザーからの仕事が集まるため、「インターネット」の時と同じように「値引き交渉」に応じ**「低コスト」に「リフォーム工事」が実現する可能性が低く**なります。また、「タウンページ」に大々的に広告を掲載している業者は、営業行為のみで自社に職人を持たない「元請け業者」の確率が非常に高くなります。

本事例の規模における工事において、より「低コスト」に「リフォーム工事」を仕上げたい場合、一般的な「元請け業者」は、実は「アプローチするべき工事業者」ではありません。ではどのような「工事業者」にアプローチするべきかを具体的に解説していきましょう。

⑳業者リスト化の例――タウンページを業種ごとにリスト化することで職人が多いエリアが把握可能に！

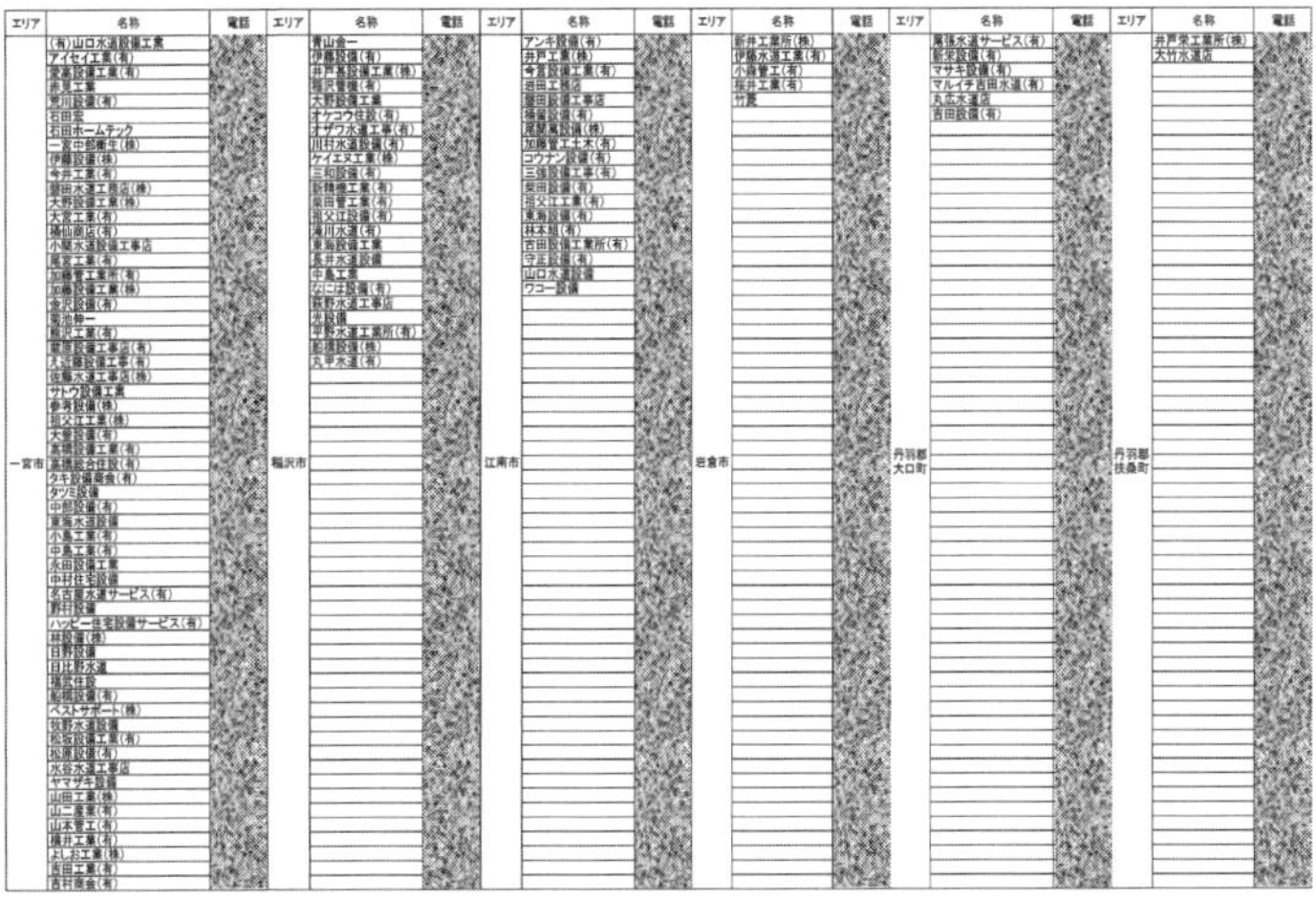

エリア	名称	電話
一宮市	(有)山口水道設備工業	
	アイセイ工業(有)	
	愛嵩設備工業(有)	
	赤見工業	
	荒川設備(有)	
	石田宏	
	石田ホームテック	
	一宮中部衛生(株)	
	伊藤設備(株)	
	今井工業(有)	
	磐田水道工務店(株)	
	大野設備工業(株)	
	大宮工業(有)	
	梅仙商店(有)	
	小関水道設備工事店	
	尾宮工業(有)	
	加藤管工業所(有)	
	加藤設備工業(株)	
	金沢設備(有)	
	菊池伸一	
	熊沢工業(有)	
	栗原設備工事店(有)	
	大近藤設備工事(有)	
	佐藤水道工事店(株)	
	サトウ設備工業	
	参考設備(株)	
	祖父江工業(株)	
	大誉設備(有)	
	高橋設備工業(有)	
	高橋総合住設(有)	
	タキ設備商会(有)	
	タツミ設備	
	中部設備(有)	
	東海水道設備	
	小島工業(有)	
	中島工業(有)	
	永田設備工業	
	中村住宅設備	
	名古屋水道サービス(有)	
	野村設備	
	ハッピー住宅設備サービス(有)	
	林設備(株)	
	日野設備	
	日比野水道	
	福武住設	
	船橋設備(有)	
	ベストサポート(株)	
	牧野水道設備	
	松坂設備工業(有)	
	松原設備(有)	
	水谷水道工事店	
	ヤマザキ設備	
	山田工業(株)	
	山二産業(有)	
	山本管工(有)	
	横井工業(有)	
	よしお工業(株)	
	吉田工業(有)	
	吉村商会(有)	

エリア	名称	電話
稲沢市	青山金一	
	伊藤設備(有)	
	井戸蔦設備工業(株)	
	稲沢管機(有)	
	大野設備工業	
	オケコウ住設(有)	
	オザワ水道工事(有)	
	川村水道設備(有)	
	ケイエヌ工業(株)	
	三和設備(有)	
	新精機工業(有)	
	柴田管工業(有)	
	祖父江設備(有)	
	滝川水道(有)	
	東海設備工業	
	長井水道設備	
	中島工業	
	なにわ設備(有)	
	萩野水道工事店	
	光設備	
	平野水道工業所(有)	
	船橋設備(株)	
	丸平水道(有)	

エリア	名称	電話
江南市	アンキ設備(有)	
	井戸工業(株)	
	今宮設備工業(有)	
	岩田工務店	
	磐田設備工事店	
	植留設備(有)	
	尾関嵩設備(株)	
	加藤管工土木(有)	
	コウナン設備(有)	
	三強設備工事(有)	
	柴田設備(有)	
	祖父江工業(有)	
	東海設備(有)	
	林本組(有)	
	吉田設備工業所(有)	
	守正設備(有)	
	山口水道設備	
	ワコー設備	

エリア	名称	電話
岩倉市	新井工業所(株)	
	伊藤水道工業(有)	
	小島管工(有)	
	桜井工業(有)	
	竹景	

エリア	名称	電話
丹羽郡大口町	尾張水道サービス(有)	
	新栄設備(有)	
	マサキ設備(有)	
	マルイチ吉田水道(有)	
	丸広水道店	
	吉田設備(有)	

エリア	名称	電話
丹羽郡扶桑町	井戸栄工業所(株)	
	大竹水道店	

※上記はあくまでリスト化のイメージであり名称は仮名です。

「アプローチするべき業者」とは、「タウンページ」の誌面にも「大きな広告」を掲載しておらず、普通に「屋号」と「電話番号」、そして「住所」だけを掲載している「工事業者」です。こうした「工事業者」にアプローチすることこそが、実は低コストにリフォーム工事を仕上げるために「組むべき業者」と巡り合う近道です。

中でも、「屋号に工事業種」がついている「工事業者」ならよりベターです。例えば「佐藤水道工事店」や、「田中内装工事店」といったように、「ひと目で業種が分かるところ」です。「佐藤水道工事店」のような「水道工事」と「屋号」に入っているところは、当然メインの仕事が水道工事であり、かつ、工事は親父と息子で、経理は社長の奥さんがやっている等、家族や親類縁者だけで工事店を営んでいるケースが多いのです。つまり、**「屋号に工事業種」がついている「工事業者」は、**社員を余計に抱えておらず、事務所の賃料や事務員の「人件費」、「販売管理費」や「間接経費」といった会社を維持する上での**「余分なコスト」がかからない会社である可能性が非常に高い**のです。必然的にそのような形態の業者は、一般的な「営業会社」や「元請け業者」に比べ会社に残す「内部留保」が少なくて済むため、構造上、値引き交渉に応じてくれやすくなるのです。この**「構造上安く出せる業者」ということは重要ポイント**ですので必ず押さえて下さい。

また「工事業者が前向きに取り組むかどうか」については、「工事金額や工事規模」も大きな要因となります。この工事金額や規模は、当然「大きな工事」の方が工事業者は歓迎します。

本事例に挙げた程度の工事は、私がほとんど工事の知識がなかった単なる一区分所有オーナーの頃は、「非常に大きな工事を進めている感覚」がありましたが、実際に「工事業者の立場」になってみると、そこまで大きくない工事であるということがわかりました。せいぜい100万~200万程度の工事は工事業者からすれば規模的には小さいものです。従って大家の立場から「200万円もの高額工事を依頼するのだから」とあぐらをかくような態度は絶対に禁物です。

工事業者は工事の総額と工事の粗利を重視します。即ち儲かるか儲からないかです。いったん「儲からない」と判断すれば工事業者は簡単に見積を辞退してきますし、場合によっては連絡さえつかなくなることもあります。この辺りは、「一般的な企業に勤める社会人」の方とは少し感覚が異なるかもしれませんが、「工事業者とはそのようなもの」と割り切って下さい。業者はいくらでもいます。「当たり」が出るまでトランプを引き続ければいいのです。

●「リフォーム工事業者」の「事業構造」から「工事価格の構成」を知る

「アプローチするべき工事業者」は「事業構造上安く出せる業者」、即ち、極力、企業経営上「販売管理費」や「間接経費」が掛からない業者という話をしましたが、この辺りをもう少し詳しくお話ししましょう。

「リフォーム工事」の見積依頼をしていると多くの見積が提出されますが、全く同じ工事内容にもかかわらず工事業者によって工事総額が「３３０万円」から「１２０万円」までと、２００万以上も違う額が示されたりします。そもそも現地確認をした上で、より厳密に見積を作成しているにもかかわらず、なぜこのような大きな金額の「価格差」が開いてしまうのでしょうか？

その理由を知るためには、彼らの「事業構造」が大きく影響していることを理解する必要があります。工事業者の事業構造に関しては、前章でも少し触れましたが、図㉑のような事業構造になっています。

本事例のような「1室丸ごとリフォーム工事」をする場合に限らず、工事というものは、「1社単独」で工事を完結する訳ではなく、「複数の専門工事業者」により工事が遂行されるということは前章でお伝えした通りです。

実は、この**「1社単独ではなく複数の専門工事業者により工事が遂行される」という事業構造**が、この工事業者ごとに提示される見積金額の大きな価格差に大きく影響しているのです。それは大家さんから直接工事を受けた工事業者が、どの工事領域まで自社職人を活用し工事を遂行するかによりその工事原価が大きく変動するからです。即ち、**工事をする工事項目を外注するのかそうでないか、その「外注比率」により「工事原価」が大きく変わる**のです。

工事は、当然ですが外注すればコストは高くなり、自社で抱える職人で工事を賄えば当然低コストになります。ただし、工事業者も全ての専門工事領域に精通する職人を抱えているわけではありません。ましてや自社で職人を抱えるとなると、それ相応の安定的な仕事量が必要と

㉑工事業者の事業構造

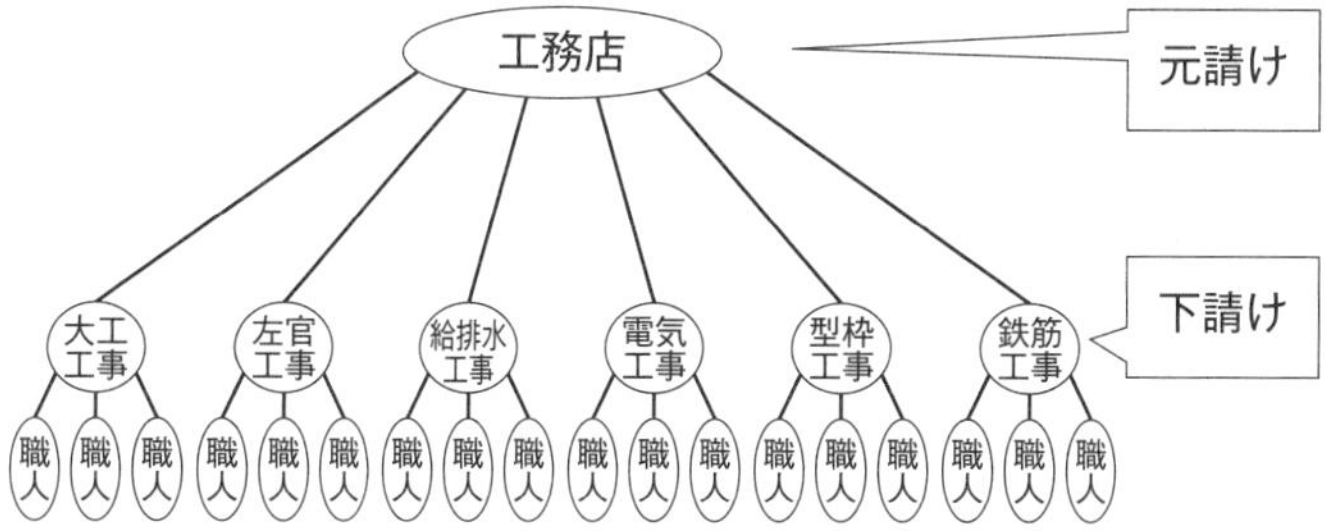

工務店（元請け）と専門工事業者（下請け）で構成

なります。職人も生活のために、仕事が安定的にある企業もしくは親方の所に属します。

裏を返せば、自社職人を抱えている業者は、それなりに安定して工事を受注しているから自社職人を抱えることが可能で、低コストで工事を仕上げて利益を残すことができるのです。しかし現実には、ほとんどの工事業者は自社職人を抱えていません。なぜなら安定的に仕事を受注できないからです。安定的に仕事が受注できなければ当然ですが職人をホールドすることが出来ないため、必然的に外注になってしまい工事原価は割高になります。これが工事業界の現実です。

この「工事の多くを外注する」という「事業構造」を前提に、より広い工事領域を外注する業者なのか、それともごく一部だけ外注しほとんどを自社職人で工事をする業者なのかによって、工事業者ごとに数百万円単位で見積金額が変わってくる要因となります。「外注比率」

が高ければ高いほど、一つ一つの専門工事金額は確実に割高となります。

「1室丸ごとリフォーム工事」の場合、業者により大工工事だけ外注、もしくは水道工事だけ外注、もしくは壁紙工事と電気工事だけ外注という業者もあれば、工事のほとんどを外注するという業者もあるのです。そのため、現地確認をした上でより厳密に見積依頼をしたとしても、数百万円単位で見積金額が変わってくるのです。

【業者コンタクト】

●工事業者とのコンタクト、実は「手法」と「順番」が大事

あなた自身の賃貸経営戦略を明確化した上で、これまで外的調査分析と内的調査分析によりあがってきた調査結果を元に、物件企画が決まりました。

そして修繕箇所を具体的に書き込み、また、天井高、部屋の概寸、現状の壁、床、天井の状況等を書き込んだ概略図面も作成しました。さらに、「アプローチすべき工事業者」もリスト化することができたと思います。

ここからは、「工事業者」に対して実際にコンタクトを取って、業者と直接面談していくこ

とになります。業者へ対しての具体的なコンタクトの方法ですが、実はこの手法と順番が非常に重要です。この手法と順番を間違えてしまうと、多くの工事業者から見積を集めることができません。そのため、必ず次の３段階のプロセスを順番を守った上で踏んでください。

▼「まず電話をかける」↓「●●でリフォームを予定している」
▼「ＦＡＸをする」↓「概略図面をＦＡＸ」
▼「再度電話をかける」↓「ちゃんとＦＡＸが到着しているか確認」

この順番が変わっても、またどれか1つでも欠けてはいけません。必ず、「電話」↓「ＦＡＸ」↓「電話」です。その理由は、工事業者とのコンタクトを取る上で重要なポイントは、**「本当に工事案件があり、リフォーム工事が確実に発生する」ことを工事会社が理解するために**こうした手順を踏む必要があるということなのです。

といいますのも、前述したとおり労働集約型のビジネスモデルである工事業者の思考原理として「より手間がかからず利益が出る案件に対してのみ積極的になる傾向」があるため、本当に工事が発生する「確実性」がどこまであるかが、現地調査の上の採寸、カタログ検索による部材確定、専門工事業者との調整等の「莫大な手間」を掛けて「原価積算」をした上で見積作成をするかどうかを決める際の、大きな判断基準となるからです。

そのため、単に「メール」や「FAX」で見積依頼を投げるだけでなく、きっちり事前に電話連絡の上、「工事をする予定で見積をお願いしたいのですが、FAXで図面をお送りしますのでよろしくお願いします。」とお願いをします。そして大家自らが寸法や修繕箇所を細かく書き込んだ「概略図面をFAX」します。さらに、届いたFAXに確実に目を通してもらうため、「FAXは届きましたでしょうか?」と電話をし、口頭で今回のリフォーム工事で想定している工事項目を業者へ伝えます。大まかに言うとこのような流れです。

私は実際にこの流れで46社の工事業者にコンタクトを取りました。その結果、この段階では100%の業者から見積提出の確約をとることができました。この段階では、見積依頼先は多ければ多いほどよいのです。

●すでに勝負は始まっている!　電話での依頼内容の具体例とは?

工事業者にコンタクトを取る中で、あなたが業者へ理解してもらうべきことは、「案件が実際にあり、必ず工事を実施する」ということ、さらに「見積は数社から取っており、確実に本件ではいずれかの業者へ工事を依頼する」ということです。

ではこの「電話」→「ＦＡＸ」→「電話」のプロセスの中で、具体的にどのように業者へ見積依頼すればよいのかを解説します。具体的な文言はこうです。

【具体例】

▼「引き渡し（もしくは退去）はまだ少し先の●月頃の予定だが、その部屋のリフォーム工事をする予定で、いくらかかるか見積を取りたい。」
▼「今回考えている修繕箇所は●●●と●●●、●●●で、具体的には概略図面をＦＡＸで送るので見て欲しい。」
▼「壁の下地は●●●、天井高は●ｍ、平面図上での広さは●㎡ある。」
▼「●月頃の引き渡し予定で、●月頃に着工し、●月頃完成が希望である。」
▼「引き渡し後、現地でより厳密な見積をお願いしたいのだが、この概略図面を前提で結構なので、まず概算見積が欲しい。」

このように「修繕箇所」や壁の「下地状況」、「天井高」、部屋の「広さ」等は「概略図面」にも記入されている内容ですが、電話では合わせて口頭で説明します。この時、あなたが必ず心の片隅に置いておく必要があることは、工事業者はこの電話のやり取りの段階から、既にあなたが工事に関して知識があるかどうか、即ち**高額な見積をふっかけるかどうかを〝値踏んでいる〟**ということです。この電話のやり取りで工事業者から「素人大家だな」と判断されたら法外な見積が提示されます。また一方で「この大家、工事にやたら詳しいな〜、結構経験積んでるな〜」と思われたらそれなりの妥当な見積が提示されるのです。

具体的には「ユニットバスを新しいものに変えてほしい」と話すより、「1116ユニットバス、床パンと湯船セパレートタイプの新品に変えてほしい」と**具体的な部材の規格や仕様を交えながら伝える**方が、工事業者は「この大家さんよく知っているな〜」と感じるので、**工事業者から舐められる可能性がぐっと低く**なります。

また、「いつまでに完成してほしい」という「工事完了納期」の希望もはっきりと伝えてください。なぜならば「工事業者」としては安定的に工事がある方が助かるため、現在取り組んでいる工事案件と次の工事案件とのスケジュールがうまく噛み合うように新たな案件を受注するのが理想です。しかし実際には、工事は職人が作業をする手間仕事なので、スケジュールが重なってしまうと物理的に工事を遂行できなくなる可能性があるからです。そのため、見積依頼の段階でいくら工事業者が「前向き」でも、いざ工事を依頼し、完成希望時期を伝えた時点で、「この時期は別件で立て込んでいまして……」と断られるケースも往々にしてあるのです。必ず「いつまでに完成してほしい」という「工事完了納期」の希望もはっきり伝えてください。

●「部材指定」の手間が「10分の1」になる！　究極の〝部材選定術〟とは？

「リフォーム工事」を「低コスト」に抑えるために必要なポイントに、「ユニットバス」や「キッチン」などの設備部材において、「どの型番、規格サイズの部材を使用するか」を「大家側が部材確定し指定する」ということがあります。

これは、例えば「ユニットバス」であれば、「この現場は1014サイズの小さなユニットバスしか入らない」という業者もいれば、「タカラスタンダードの特注ユニットバスを使用せざるを得ない」という業者もいますし、より緻密に採寸し検討した結果「梁かきユニットを使用すれば1116サイズが入ります」という業者もいます。即ち、業者によって言うことが全く異なるのです。その理由は「リフォーム工事」は実際には「**解体工事後、有効寸法や下地状況を確認した後でないと正確なことが言えない**」という現場がほとんどだからです。

業者は何もこちらから言わなければ「極力手間がなく業者のリスクのない施工方法」を提案してきます。しかし賃貸経営者からすれば、「ユニットバス」は「極力大きなサイズを入れること」は中長期の賃貸経営戦略において対競合上非常に重要なポイントです。ましてや「ユニットバス」は、そうたびたび交換するものではありませんので、安易に「1014しか入らない」という提案を飲んでしまうと「高額な交換費用」を負担したとしても非常に競争力のない物件に仕上がってしまうことになります。

本事例の場合もそうでした。突き詰めて調べていくと、実は業者から当初提案されていた「1014サイズ」より大きな「1116サイズ」が入りました。業者によっては超高額な「特注でなければ無理」という業者もいましたが、結論からいうと全くそうではありませんでした。このようなことから、「リフォーム業者」の提案を鵜呑みにするのではなく、**現場ごとにこちらから「部材や規格サイズを指定すること」**が、より「低コスト」で「競争力」のある物件に仕上げるために重要となるのです。しかし素人大家さんでは正直なところ簡単に「部材や規格サイズ」を指定することは困難ですよね。

ではこちらから「部材を指定」するにはどのようにすればいいでしょうか？　素人大家でも簡単に部材指定ができる技をご紹介しましょう。それは**「大手建材メーカー系リフォーム工事店」を現場に呼んで見積依頼する**のです。

その理由は、「大手建材メーカー系リフォーム工事店」は一言で言うと「至れり尽せり」だからです。何が「至れり尽せり」かというと営業対応から見積表記、部材仕様の説明からアフターフォローまで、すべてが手厚い対応をしてくれます。また当然のことですが「大手建材メーカー」の看板があるから安心ですよね？

ただしこの手厚い提案活動やフォロー活動、そして大手の看板の背景にある安心にはすべて「コスト」がかかっていますから、必然的に彼らの提示する**工事見積は高額**となります。

しかし彼らへの**「見積依頼」は無料**です。手厚い提案を武器とする「大手建材メーカー系リフォーム工事店」に現地に来てもらい、プロに採寸をしてもらう。そして、どの部材が使用可能なのか、規格サイズはどこまで大きなものを入れることが可能なのか、また工法はどのような工法が考えられるのかを事細かく彼らに教えてもらうのです。

これまで「ホームセンター」に設置されている「工法」に関する「リーフレット」や、実際に販売されている部材の実勢価格調査により、「部材の知識」を高めてきましたね。しかし、例えば「ユニットバス」は一般的なホームセンターにはおいていません。またサイズや呼称も当たり前ですが素人大家にはわかりません。ましてや今回の工事現場にどこまで大きなものが収まるのかも素人には絶対にわかりません。

そこで、プロに採寸してもらい間違いのない部材と型番指定をしてもらうという訳です。彼らは構造上高コスト体質のため、「低コスト」に「リフォーム工事」を提案することはありませんが、対応は懇切丁寧、情報豊富で、聞いたことにはきちんと答えてくれます。

素人大家の部材指定は「大手建材メーカー系工事店」へ見積依頼をし部材確定をする。その見積を元に見積依頼に大きくあみをかけていくのです。また「部材指定」の為の見積依頼の時は、必ず「メーカー」「品名」「型番」「規格」「材工」に分けて見積提示をしてもらうことも忘れてはなりません。

【業者選定】

●「一次見積」から「二次見積」へ、必ず確認しなくてはいけないこととは？

「タウンページ」から「広告などを大々的に出していない」「屋号を見てひと目で業種がわかる業者」をリスティングし、「電話」→「FAX」→「電話」の「3段階活用」で見積依頼をしました。その後、「一次見積」が、「FAX」や「メール」、郵送で続々と寄せられてきます。私の場合46社アプローチをした結果「一次見積」に参画してきた業者は●●社でした。次にその提出された見積の中から、「よりコストが下がる可能性の高い業者」を具体的に選定していきます。まず届いた見積から、次の3つの項目を確認していきます。

▼依頼した修繕箇所が全て入っているか

▼各項目と数量、単価、総額はどうか
▼依頼していないのに入っている項目はないか

この３つを細かくチェックします。具体例で確認していきましょう。

まず依頼した修繕箇所が入っているかどうか、見積依頼をする前に作成した概略図面に書き込んだ「リフォーム項目」を元に提出された見積をひとつひとつ確認していきます。ここで注意するべきことは、「概略図面に記載されている修繕項目が抜けていないかどうか」です。

この段階での見積は概算ですが、実際に業者から提示される見積には抜け漏れが意外に多くあります。なぜならば見積をする側である工事業者も「概算である」ということを理解していますので、適当に見積作成をする場合があるからです。そもそも、この「一次見積」の段階で「抜け漏れがある業者」は残念ながらこの段階で脱落です。

次に各項目の「数量と単価、総額」をチェックします。実際に多くの業者へ見積依頼すると、同じ概略図面で見積依頼しているにもかかわらず、数量が大きく違う場合があります。これも業者によって採寸に関して余裕をもつ業者、そうでない業者と、業者によってかなりばらつくことがあります。では数量がばらついた場合はどのようにすればよいか？　それは「最も数量が少ない業者」を基準とすればよいでしょう。

「最も数量が少ない業者」も最低限の数量は当然のことながら見積もっています。一方で、「数量が多い業者」は、「概略図面」からの積算段階で見積当初数量が少なく、実際に現場に行って測ってみたら数量が足りず、お客様から不信感を抱かれたりといったことが「何かあってはいけない」と考え、数量に余裕を持って見積しているのです。即ち業者の方針によって「見積数量」が変わってくるのです。ですから実際に見積依頼をして多くの見積が提示され、その数量に違いがあったとしても「業者の方針により違うもの」と理解すれば良いと思います。

最後に確認する項目は、「依頼していないのに入っている項目はないかどうか」です。こちらも、実際に依頼していない項目を何も言わずに平気で見積に盛り込んでくる業者も多くいます。本事例の場合、給湯器交換等は依頼していないにもかかわらず見積に勝手に盛り込んでくる業者がいました。そのため、ＦＡＸした概略図面に書き込んだ修繕項目を元に、提示された見積内容にそもそもないような項目がないかをしっかりチェックします。

この3項目をしっかりチェックした上で、見積提示した業者に対して、電話で質問をしていきます。そのための電話質問項目を整理していきましょう。

本事例における具体的事例を以下に記します。

【例】諸経費、現場経費――電話質問ケーススタディ
【あなた】「この項目は具体的に言うと何ですか？」
【あなた】「例えばどのようなものにかかる費用ですか？」

この**「具体的に言うと」や「例えば」と質問する**ことで、素人大家でもなかなかつかめない真意を簡単に摑むことが可能です。例えば、この「諸経費、現場経費」という項目は「ガソリン代」や「車のリース」等の費用と答える業者もあれば、単に「自社の利益です」と答える業者もいます。

【例】壁紙――電話質問ケーススタディ
【あなた】「この項目は壁紙張替えと書いてありますが、これ以外にかかる費用はないですか？」

この質問をした業者の中で「これ以外にかかる費用」として「既存の壁紙を剝がす代金が別途かかる」と答える業者もいました。このようなことは本来見積に記載しておくべきなのですが記載していなかったことが判明したケースです。「見積に記載していない費用でこんな金額がかかるとは思ってもいなかった！」とならないために、必ず確認してください。

【例】数量——電話質問ケーススタディ

【あなた】「数量が他の業者さんとかなり違うのですが？　数量に間違いないでしょうか？」

複数の工事業者から見積を取っているので、「違い」は当然出てきます。理由は前述したとおりですが、なぜその数量が出たのか根拠を確認するようにしましょう。業者により「余裕を見て見積をした」という業者もいます。ここで電話で詳細を確認せずに次のフェーズである現地確認に進む大家さんも多くいますが、必ず確認しておきましょう。

業者は現在提出している概算見積をベースに、現地確認の上でより詳細の見積を提示してきます。即ち、概算見積に、実際に現地確認をした上で付加項目を載せてくるケースがほとんどです。通常であれば概算金額と現地確認の上での厳密な見積積算により概算金額が高額だと判明した場合でも、工事業者はその部分の見積を安易に下げては来ません。よほど明らかにおかしい場合のみしか下げてこないでしょう。

その思考原理として、リフォーム工事は**実際に解体を始めてみなければ、どのような手間が発生するか判断がつかないケースが多い**からです。そのため、電話質問によりその見積数量とその根拠を聞きます。業者からの答えによっては、その業者は要注意の可能性もあります。これも必須確認事項ですので必ず確認してください。

「複数の業者に見積を取ったが、どの業者がいいのかわからない。」この段階でほとんどの方がそう思われるかと思います。この段階で取っているのは「一次見積」ですので、ここで決めようとするのは早計。正直言って、一次見積の数字は残念ながら当てになりません。

では、何のためにこれらの工程を踏んでいるか？　それは、今回の工事における概算金額を知ると同時に、**電話による「質問」を通じて、その工事業者の「営業姿勢」を判断する**ためです。この仕事を引き受けたいと思っている業者なのか？　あれこれふっかけてきそうな業者なのか？　諸経費に粗利を乗せてくる業者なのか？　それともそもそも工事が全て外注で相対的に割高な業者なのか？　一次見積を取得し、その見積を精査し取捨選択する、そして電話による質問のやり取りをする中で、**その業者と現地で面談するべきなのかどうか**の判断をしていきます。

さらに、電話で業者へ対して質問をする際に、絶対に相手に聞く必要がある項目があります。それは以下です。

【必須質問事項】

▼業者の「生い立ち」から「外注比率」を知る
▼業者の「成員構成」から直間比率を知る
▼現状の「繁忙度合い」から取引先を知る

結論から言いますと、これらの必須質問事項によって、その工事業者の「得手不得手」を見極める材料にします。

ではひとつひとつ確認していきましょう。

▼業者の「生い立ち」から「外注比率」を知る

工事業者はそれぞれ、いろんな「生い立ち」を持っています。
この工事業者の「生い立ち」を知ることは「リフォーム工事」を「低コスト」に抑えるための「業者選定」において非常に重要です。なぜならば、**「生い立ち」を知ることにより、彼らの「外注比率」が見えてくる**からです。

具体的なヒアリングの文言はこうです。

【あなた】 「◎◎さんはもともとは何屋さんだったんですか?」

【あなた】「水道などの設備工事なども自社内に作業をする職人さんがいるんですか？」
【あなた】「実際に作業する◎◎の職人さんは何人いますか？」
【あなた】「最近は結構忙しいですか？」
【あなた】「どんな仕事が忙しいんですか？」
【工事業者】「もともと畳屋ですけどね、最近畳が下火だから壁紙を張るようになったんです。」
【工事業者】「もともと市役所の水道工事等の公共事業中心だったんですが、最近は公共工事が減ったので民間の戸建てやリフォームもやるようになって……。」

元来、畳屋だった工事業者は「内装工事」は自社で施工できても、「水道工事」等の設備工事は自社内ではできません。一方で、「水道工事」ばかりやっている業者は、「壁紙」や「床張り工事」等の内装工事は自社内ではできません。即ち、「外注工事」となります。

これは「工事業界全体」の傾向ですが、自社がもともと取り組んでいる専門工事以外の業種を自社内に取り込み専門工事領域の幅を広げるような取り組みを、一般的な専門工事業者はしません。

例えば、「電気工事業者」であれば、電気工事が減ってきたときに水道工事や大工工事を自ら勉強してこなせるようにするか、自社内にその専門工事職人を雇うなどし、受注領域を広げればいいのですが、通常仕事のメインである電気工事が減ってくると「エコキュート」の設置工事や「ソーラー発電設備」等、「電気工事の延長線上でのスキル」を磨こうとします。価値提供の幅を広げず、深掘りしようとする訳です。これは電気工事だけでなく水道工事業者等全ての専門工事業者に共通して言えることです。

しかし、実際に本事例の規模の「リフォーム工事」を「低コスト」に抑えるための「業者選定」に必要なことは、**「外注比率」が極めて低い業者、**即ち、1社単独であらゆる専門工事をこなすことができること、例えるなら**「電気工事」も「水道工事」も「大工工事」も全て自社職人で作業が可能な状態の業者が最も理想**です。

あなたが求める理想的な工事業者の回答はこうです。

「実は元々壁紙から当社は始まったのですが、仕事の幅を広げるために水道回りができる職人を入れたのがもう3年前です。やっぱり外注だと高くなりますからね。電気工事も簡単なものでしたら自社でまかなえるようになりました。**壁紙の仕事を取りこぼすことがないように他の業種も自社内でまかなえる体制をなんとか作りました。」**

という回答です。このように「一次見積」を精査し、電話で質問する段階において、「工事業者」の「生い立ち」を確認し、その業者がどのようないきさつで現在の業態に至ったのかをヒアリングすることは「どの工事領域が得意でどの工事領域が不得意なのか」を知ることができるため、業者選定において非常に重要になります。

また建築業界は横のつながりが強く、「貸し借り」の世界です。「水道工事はいつもA社に頼んでいる。その代わり、A社が内装工事を必要とする時は必ずウチにお呼びがかかる」といったように「持ちつ持たれつの関係」で成り立っています。この業界背景と実態から、通常、「工事依頼主のメリット」よりも、「いつもお世話になっているA社」のメリットを優先し、外注先であるA社にしっかり利益が出るように価格設定をするということはごく自然なことなのです。だから「工事依頼主」である大家さんが、単に「工事金額を負けて欲しい」と言っても決して工事業者が本当に本気で値引きすることがない理由がおわかり頂けたかと思います。

工事依頼主との関係は、今回の工事１回きりかもしれません、しかし「外注先」であるA社との関係は、工事で利益を上げて生活していく工事業者からすれば、利益を上げるために必要な重要な関係となります。必然的に「持ちつ持たれつ」で成り立っているA社が儲かる金額で仕事を依頼する、即ち、「互いに儲かるように仕事を融通し合っている」ということ。つまり、しっかり粗利が乗った見積＝大家にとって割高な見積を提示することが当たり前なのです。工事業者を選定するために彼らと電話でやり取りする上で、このような工事業者の思考と実態を理解することも重要です。

▼業者の「成員構成」から直間比率を知る

次に「成員構成」を確認します。これはその業者の「人員構成」を知ることで、実際に「現場に出て作業する人は何人いるのか」を把握するためです。

具体的なヒアリングの文言はこうです。

【あなた】「実際に作業する●●の職人さんは何人いるんですか？」

このようにしてその工事会社の「直間比率」を把握していきます。

「直間比率」とは、直接会社の売上利益の生産性に貢献する人と間接的に貢献する人の比率のことです。例えば、社員数１００名の商社の場合、仮に営業部門の人員が80名、事務部門が20名いたとします。この場合「営業部門」は直接売上利益に貢献しますから「直接部門」となり総務や経理等の事務の人が「間接部門」となります。この場合の「直間比率」は8対2となります。工事業者でも同じように現場に出る人、即ち「職人」が直接部門、一方の事務をする人が間接部門となり、当然のことながら間接部門が少ない方が企業としても維持コストが低くなるため、提示する見積も必然的に安くなる傾向にあります。

特に本事例の規模の工事でアプローチする中で関わりあう工事業者の場合、「全員営業」「全員工事監督」という業者もありますし、ほとんどが現場に入っている職人ばかりという会社もあります。もし「全員営業」「全員工事監督」という企業の場合、実際に工事をする職人は外注することになるので、当然ですが割高になります。また営業部門をもっているとなると新たな仕事を獲得することがミッションの営業マンの給与も捻出する必要がありますので、当然のことながらその費用も見積金額に乗ってきます。

この質問では**業者の直間比率、即ち「実働する職人がどのくらいの割合でいるのか」をヒアリングする**のです。当然のことながら職人比率が高い業者ほど、リフォーム工事見積が低コストになる可能性が高くなります。

ちなみに、「うちは全員現場です。」との回答で、よくよく聞いてみると「全員現場監督」という場合もありますが「工事監督」はあくまで現場管理をする「監督」が仕事で、職人ではありませんので実際の作業はしません。即ち「全て外注」になりますので注意が必要です。

▼現状の「繁忙度合い」から取引先を知る

また、その業者の「繁忙度合い」も必ず確認してください。

具体的なヒアリングの文言はこうです。

【あなた】「最近は忙しいんですか。」
【あなた】「どんな仕事が忙しいんですか。」

「繁忙度合い」とは「最近忙しいのかどうか?」、また「忙しいのであればどのような仕事で忙しいのか?」ということです。例えば自身が直接施主から仕事を受ける「元請け」の仕事で忙しいのか、それとも取引先からの応援の仕事、即ち「下請け」の仕事で忙しいのか? その仕事の中身によって、その業者から提示される「リフォーム見積」の「価格柔軟性」は大きく変わります。なぜならば、もしその業者が「元請け」の仕事で忙しいのであれば、直接施主から仕事を受けているわけですから、それなりに割高な工事金額で受注している可能性が非常に高いです。従って「儲からない仕事」はやらない可能性が高くなります。

「リフォーム工事費用」を「低コスト」に抑えたい我々は、あくまで「業者が儲からないが損をしない価格」で工事を依頼する必要があります。その場合、仕事の中身のほとんどが、施主から直接仕事を受ける「元請け業者」の場合は、後々「価格交渉」の段階で「これは利益があんまり残らない美味しくない仕事だ」と判断され、案件辞退されるケースが多いため、この段階から外す方がベターです。

また仮に仕事の中身が「下請け」中心の業者でも、「忙しすぎる業者」は外した方がいいでしょう。なぜならば、「忙しい」ということは「仕事に困っていない」ということなのです。また「下請け」がメインのどの工事業者も皆施主から直接仕事受ける「元請け業者」になりたいと考えていますが、この段階ではこちらが見積依頼する案件に「やる気」があったとしても、いざ実際に工事をお願いする段階になって「超大手取引先の仕事が立て込んできたので工事ができない」と断られるケースもあります。そのため、「繁忙度合い」や「どのような仕事で忙しいのか」という「仕事の中身」を把握する必要があります。

またその一方で「暇すぎる業者」も困りものです。なぜならば、「暇な工事業者」にはちゃんとその理由があるのです。その理由は「工事品質が悪い」や「段取りや対応が遅い」等、やはり何らかの理由があり暇なのです。しかしその理由の中には「工事はしっかりできるが営業が苦手」という業者もいます。「リフォームコスト」を「低コスト」に抑えたい私たちが組むべき相手は、そのような**「工事品質はしっかりしているが営業が苦手な職人集団」**です。

これらを踏まえて、「一次見積」の段階での有望業者は、次の条件をクリアするところになります。

▼提示価格が安い
▼見積項目が明瞭
▼少人数
▼職人比率が高い
▼外注比率が低い
▼電話の対応が丁寧
▼やる気がある
▼多忙ではない

これらのうち、「リフォームコスト」を「低コスト」に抑えるために「組むべき業者選定」の上で特に重要なのが、「職人比率」と「外注比率」です。リフォーム工事を構成する専門工事の大半を外注に出していた場合、その業者は決して低コストに工事を受注することはできません。いかに職人比率が高く外注費率が低いかが重要です。

●業者面談が勝負どころ！　アポ取りから現場での切り返し方の全て

本事例では「ローコスト戦略」で工事の仕様を決定し、「調査分析フェーズ」で外的、内的の両側面から緻密な調査の元情報を集めました。さらにより多く業者から効率的に見積を取得するために「概略図面」の準備をし、「電話」による質問でその業者が「面談するべき業者かどうか」を判断し、戦略的な「一次見積」の取得を経て、ようやく業者を絞る段階まできました。

ここからは、「面談フェーズ」、即ち、実際に現地で工事業者と面談し、より厳密な見積依頼をしていきます。

【アポの取り方】

まず最初にアポを取ります。次のように言いましょう。

▼「工事予定の物件が見られるようになったので、一度現地でお会いしたい。」
▼「壁、床の現物サンプルを見たいので、持参してほしい。」
▼「依頼した見積に記載されている設備のカタログが欲しいので持参してほしい。」

ここでは必ず「サンプル」や「カタログ」を持参してもらうことを忘れないようにしてください。その理由は業者ごとに提示される壁紙、床、設備等、全く「メーカー」や「ラインナップ」が違う場合がほとんどだからです。ここで、工事業者が扱う部材においての「工事業者の思考実態」についてお話ししましょう。業者によって扱っているものが違うのは、実は「購買ボリュームの概念」が大きく関係しています。様々なメーカーや部材がある中で、工事業者は、特定のメーカーや特定のラインナップの部材を極力まとめて多く購入しようとします。それは「購買量が大きくなればボリュームディスカウントが効く」という考えに起因します。

しかし実際のところ、本事例の規模の工事で「組むべき工事業者」のレベルにおいては、残念ながら「購買ボリューム」により工事業者の部材調達コストは下がりません。実は購買ボリュームにより調達コストが下がるのは年間100棟以上の新築戸建建築を受注する「スーパービルダー」と呼ばれる業者のみです。本事例で組むべき規模の業者は「まとめて代理店へ発注すればコストが下がる」と考えていますが、このレベルの工事業者の購買量では、いくらまとめても代理店の立場からすれば実はたかが知れているのです。

さて、現地面談時には、次の5つの情報を得ることを目的に質問をしていきます。

【現地面談で確認する内容】
▼施工箇所、及び正確な「寸法」「数量」「下地状況」の確認
▼面談による「工法」「工期」「施工手順」の確認
▼面談により電話で事前に伺った業者の「生い立ち」の詳細確認と、「人柄」を見極める
▼現在の「繁忙状況」を元に、「やりたい状況かどうか」の確認
▼「見積様式」の指定

ここまで来てようやく初めて工事業者との面談です。仲介業者とは直に会っていますが、実際に工事にかかわる業者とはこれまで「電話」と「FAX」でやり取りしたのみ。これまでのプロセスで「面談するべき業者」として選抜された業者と現場で実際に直接会って「会話」と「質問」でコミュニケーションを取りながら「電話」で聞いた内容をより深く聞き込んで、その事前情報が正しいかの「裏」を取るのです。

現地面談の時間は大体1～2時間程度を見て下さい。いくら小規模物件といっても、30分では絶対に終わりません。現場での流れは以下となります。

【現地面談の流れ】

【1】「挨拶」

【2】「修繕内容の確認」

【3】「採寸開始」

【4】「採寸終了」

【5】「見積箇所確認」

【6】「現地確認終了」

このプロセスの中で最初の3つの段階は比較的早く進むでしょう。見積箇所の確認と現地確認の段階で業者とのやり取りが発生しますので、そこで「会話」と「質問」でコミュニケーションを取りながら、「電話」で聞いた内容をより深く聞き込んでその事前情報が正しいかの「裏」を取ります。この業者との面談における心構えとしてのポイントは以下の3つです。

▼あくまで「勉強させてもらう」というスタンスで、しかし下手に出ず、偉ぶらず、「楽しい面談」になるように心掛ける。

↓腕を組んで偉そうに、なんていうのは言語道断です。反面、下手に出過ぎると「素人だなあ」と思われ、安い値段の見積は出てきません。

▼「会話」の中で「部材」や「施工方法」等の「工事知識」を織り交ぜ、「ただの素人ではない」ということを「暗」に知らせる。

↓ホームセンターのリーフレットで得た知識を今こそ活用しましょう。「ここってこうやるんですよね」等と、さりげなく工法などの知識を織り交ぜるのです。

▼「損な出会い」はない。すべてが血となり肉となる。

↓中には次にあげる業者のような、人としてガッカリするような嫌な工事業者もいます。でも、すべてが勉強。そう思って接しましょう。

私が最初の物件で工事業者と面談した時、こんなことがありました。その物件はすでにお伝えしたように、「瞬間湯沸器」がついていました。それを撤去し、パイプシャフトに設置されている給湯器から給湯管を分岐して延長し、キッチンの下から立ち上げてシングルレバー混合水栓を設置するべく現地で工事業者に見積依頼をしていた時のことでした。

【工事業者】「キッチンの下から給湯管を立ち上げるのであれば現状は給水の穴しかないから給湯用にもう1個穴を開けなくては駄目だね。1穴開けるのに8000円だね。」

確かに持参し見せてくれた「水栓カタログ」では、穴が2つ開いていてそこから湯用と水用の給湯管が出ていました。しかし私は事前にホームセンターで見た他の水栓を思い出しました。

【私】「えっ、穴1個で下で給水と給湯の2つに分かれるタイプのものもありますよね？」

【工事業者】「えへへへへ（ばれたか、という感じで苦笑）」

工事業者にとっては、どうせやるなら「施工項目」がひとつでも増えて、工事全体の金額が上がった方がいいのです。このエピソードからわかるのは、基本的に**工事業者は施主を工事に関しては「全くの素人」だと思っている**ので、「隙あらば」と、不要な工事や本来はもっと効率的で安くできる工法を知りながらも、**１円でも工事金額が上がるようにふっかけてこようとする**ということです。

いくら人あたりが良い、いい人だと思ったとしても、工事業者とは基本的にそのような思考原理であるということを忘れてはなりません。（この方もこの話がでるまで非常に良い人だと思っていました。）現地面談でそのようなことに出くわした時は「実は工事に関して結構知ってるんですけど……」とばかりに、スパッと切り返して下さい。

●超重要！　１室単位の「空室」のリフォーム工事で組むべき〝本命業者〟とは？

「一次見積」の段階で「面談するべき業者」を戦略的に精査し、実際に現地面談で複数の業者と面談しました。私の場合は最初に46の業者に図面をＦＡＸして概算見積を取得し、その中から「リフォーム工事」を「低コスト」にできる可能性が高い業者を選定し、実際に6社と現地で面談を行いました。実際に会ってみると、その人となりがよくわかるというもので、「この人とは長い付き合いがしたい」と思う業者や「ここにはたぶん頼まないな」という業者が感覚として見えて来るはずです。

現地面談、「二次見積依頼」の段階に進んだ業者の中で比較的「大手の業者」には、本リフォーム工事における各工事項目での「実際の工数」、即ち「職人が9時から5時まで働いた場合何日かかるか」を知るために、材料と工事、即ち「材工」を分けて見積依頼してください。例えば「既設ユニットバス撤去のうえ新品設置」の場合でも、「材工込み」ならユニットバス代と設置工賃が合算されて表記されますが、「材工別」の場合は「ユニットバス」の部材金額と設置工事金額が別で表記されます。

現時点で「材工」を分けて見積依頼する目的は、今回の「リフォーム工事」において実際の職人が動く「工事日数」、実際の工事手間が何日かかるかの「相場観」を知るためです。しかし「材工別」で見積を取るのは工事日数の相場観を知ることだけが目的です。

本事例のような比較的小規模な1室単位の「リフォーム工事」の物件では、最終的には**「材工込み価格」で依頼した方が安い場合が圧倒的に多い**です。このように各工事項目において材工を分けて見積依頼し「施工手間の相場観」を知ることは、今回のような1室だけではなく、5室まとめてリフォーム工事をするような大規模修繕工事の場合など、「材料支給をする場合」にもこの考え方は必要となります。

現地面談時には、必ず「見積納期」を区切って下さい。二次見積を依頼後、1週間から2週間程度で各社の二次見積があがってきます。裏を返せば2週間経過しても見積が提示されない場合は業者からの「案件辞退」と理解したほうが良いでしょう。
二次見積が提示された後、まずは、一次見積の時と同様に、「依頼した修繕箇所が入っているか」「各項目の数量、単価、総額」「不明な各項目」をチェックします。一次見積の時と違い、今回の見積は現地で確認のうえ見積しているわけですから、その寸法や数量、施工方法に関しての精度が違います。そのため、より綿密にチェックする必要があります。

そしてここからが、本書の中でも非常に重要なポイントとなります！　私が、46社の工事業者に当たって判明した、「本命」にすべき業者をお教えしましょう。本命にするべき業者とはどのような業者なのか？

結論から言いましょう。その業者とは、

▼「設備工事」がメインでないが、「設備工事」が外注でなく自前でできる業者

です。非常に重要なのでより詳しく解説します。

工事には、設備工事と、壁紙工事や床工事等の「表装工事」があります。設備工事で代表的な工事は「水回り工事」。即ち「水道工事」や「ユニットバス設置工事」「キッチン設置工事」

がこれにあたります。これは、実は1室まるごとリフォームをする場合の「購買分析」をしてみると、工事費の中でも非常に大きな割合を占めるのは、この「ユニットバス設置工事」「キッチン設置工事」などの水回り設備機器工事なのです。

後ほど本事例の「具体的な工事費内訳」を紹介しますが、全体の「約65％」から、時には「70％程度」と、この「水回り設備工事」が工事全体の中で大きなウエイトを占めるのです。この「水回り設備工事」が「総工事費用のうち7割近くを占める」ということは、この「水回り設備工事」をコントロールできなければ「リフォームコスト全体」をコントロールできるはずがないということです。即ち、**「水回り設備工事」を安く抑えることができて初めて全体の工事費用を低コストに抑えることができる**のです（図㉒）。

本事例の場合、風呂交換だけの見積で「１２０万円」という見積提示がありました。しかし、戦略的に、「調査分析」を重ねて業者選定していった結果、最終的にユニットバスという工事項目で「37万円」に収まりました。その削減額、何と「3分の2」ものコスト削減です。リフォームコストを大幅削減するためには設備工事のコストコントロールが、修繕費全体のコストコントロールを左右するということを知る必要があります。そのため、**「設備工事がメインではないが、設備工事が外注ではなく自前でできるところ」**が本命にすべき業者なのです。

㉒工事費用を低コストに抑えるポイント
（水回り工事を含む場合）

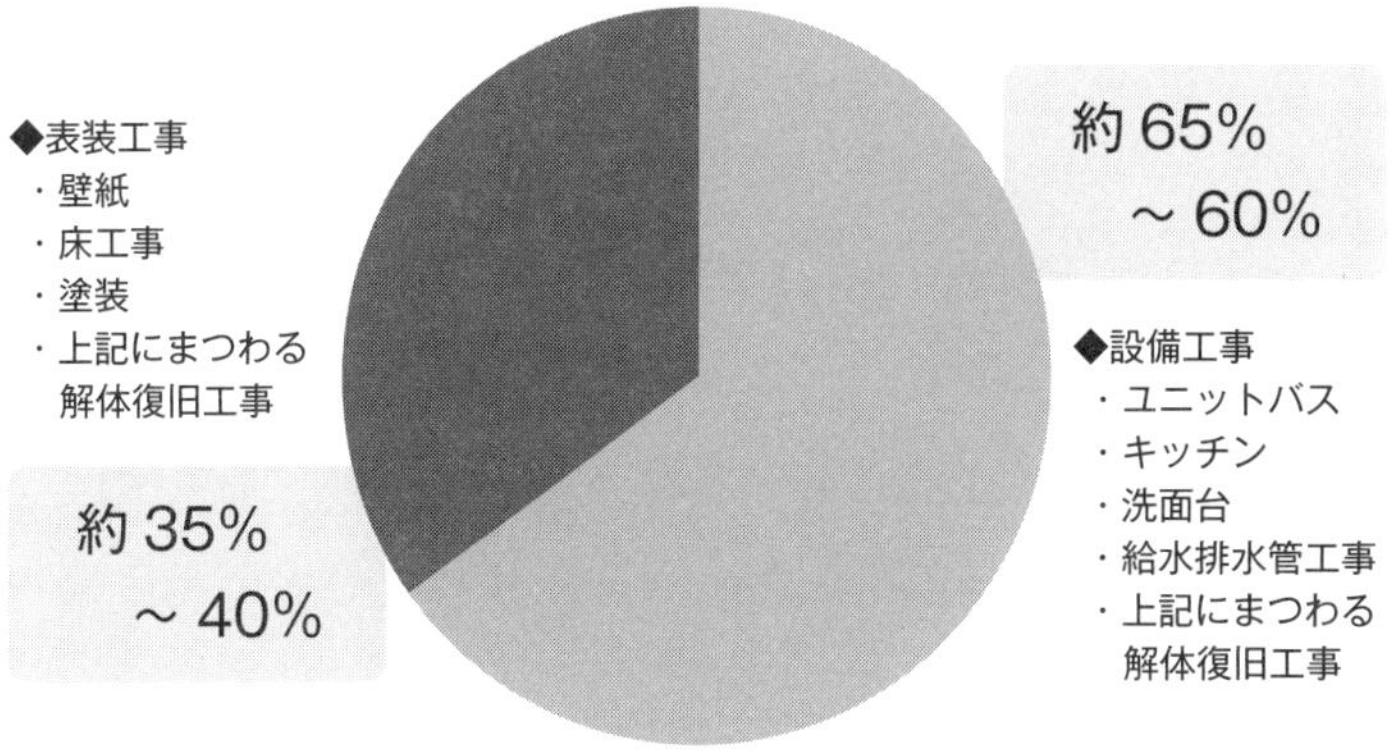

工事の価格構成は「水回り設備工事」が約７割を占める！

「設備工事費に重きを置くなら、設備工事がメインの所の方がいいのでは？」

と思われるかもしれません。しかし実はそうではないのです。この「メインでないところ」をわざわざ戦略的に選定する理由を説明しましょう。

私がこの築32年の物件で最終的に工事を依頼した工事業者は「壁紙工事」をメインにしている会社でした。つまり、「表装工事」がメインで「設備工事」はメインではありません。しかし、その工事業者は「壁紙工事だけ自前でその他の工事は全て外注であれば、工事総額が競合他社と比べ高くなり、その結果仕事が取れないため、水回りを施工できる職人を雇い入れたという訳です。即ち、

「壁紙工事を受注するべく水道工事を低コストに提供するために、社内に水道工事職人がいた」のです。この工事業者は「表装工事」がメインですが設備工事も自社で施工が可能な状態だったということです。

これは「表装工事メイン」ということは、あくまでこの工事業者の「収益の根幹」は「壁紙」や「床」の「表装工事」であり、工事全体の中で高額となる設備工事は「これもできないと壁紙工事が獲得できない」という理由で施工しているので、いわば「補助的存在」のため、通常高額となる「水回り設備工事」において利益をそれほど確保しなくてよいのです。

もし仮にその逆で「水回り工事」がメインの工事業者の場合はどうでしょうか？　その場合「水回り工事」が収益の根幹ですから簡単には負けてくれません。「水回り工事」がメインであればそこはしっかりと利益をとり、付帯的に発生する壁紙や床工事を薄利で見積提示するのが「水回り工事メイン」の業者です。従ってその工事業者がどの工事領域を収益の根幹としているのかが重要となる訳です。**「設備工事」がメインでないが、「設備工事」が外注でなく自前でできる業者、**この業態の工事業者こそが本事例の規模での「リフォーム工事」において「組むべき工事業者」なのです。

本事例の規模で「リフォーム工事」をより「低コスト」に実現するために「組むべき業者」

をより具体的に言いましょう。

▼社長を含めた社員が10人未満
▼「株」より「有」、「有」より「個人事業主」
▼社長がある程度年齢を重ね、「ガツガツ」していないところ

そしてなにより一番重要な点が、

▼「設備工事がメインでないが、設備工事が自前で施工できる業者」

となります。それらの理由をひとつひとつ解説していきます。

▼社長を含めた社員が10人未満

これは社員数が多くなればなるほど、スタッフを食べさせていかなくてはならないので、安定的な仕事量が必要になります。そのため10名以上の場合どうしても金額は安くとも安定的に仕事量が確保できる「下請け」の仕事が多くなります。10名以上の工事業者の場合、必然的に

「仕事の8割」を大手元請けからの仕事で存続している状態となってしまいます。逆に10名未満の業者だと、そこまで大手の「下請け」に頼らずとも、ある程度の規模の「下請け仕事」とたまに発生する「元請け仕事」で企業存続が可能なのです。

▼「株」より「有」、「有」より「個人事業主」

これは、大きな事業形態よりもより小さな事業形態の方が、企業を維持運営していく上での内部留保や固定費等のお金が少なくて済むためです。そのため、より小さな事業形態の業者が低コストにリフォーム工事を受けてくれる業者と成り得ます。間接経費が掛からないため、低コストに見積提示が可能となる。裏を返せば、株式会社に依頼するということは、それだけ信用できる会社へ依頼することにはなりますが、企業を維持存続する上でのコストが有限会社や個人事業主に比べ必要となりますので、信用を重視するなら、必然的にその企業維持運営コストがプラスされます。

▼社長がある程度年齢を重ね、「ガツガツ」していないところ

これは「リフォーム工事」を低コストに実現するために必要な業者選定において、工事業者の社長のスタンスは実は非常に大事です。本事例で最終的に依頼をした工事業者の社長は「俺

㉓本命にすべき業者のモデル

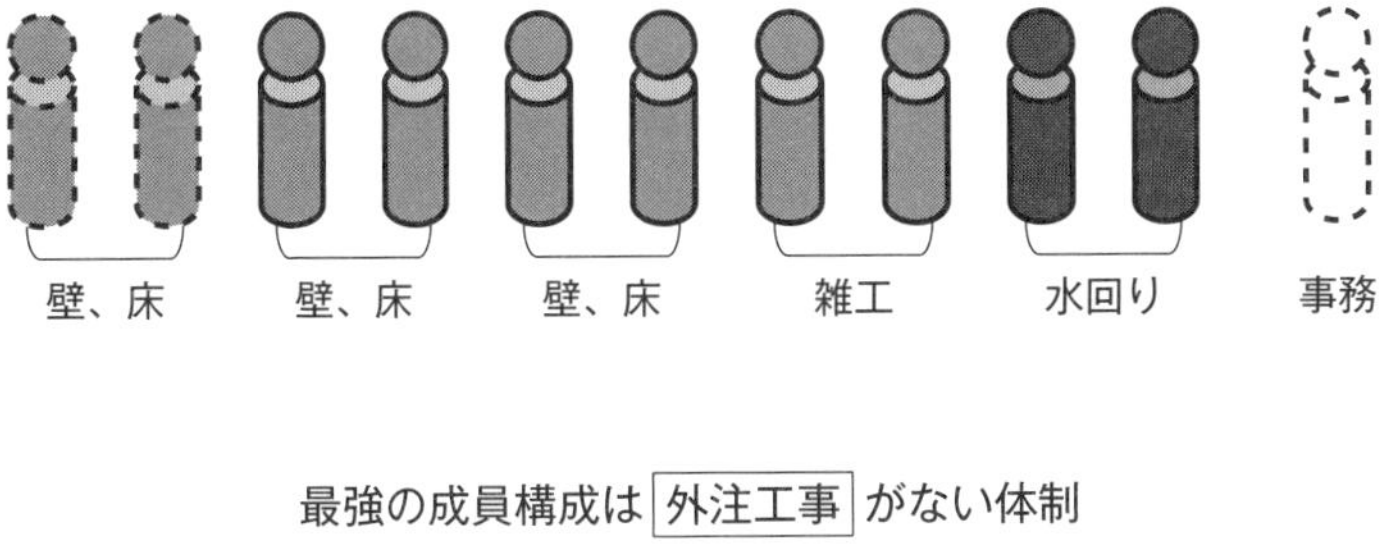

最強の成員構成は外注工事がない体制

はお酒飲んでお好み焼き食べられたらそれでいいんだよ。そんなに儲けようなんて思っちゃいないんだ」というお年を召した社長でした。そこまで儲からない工事金額での依頼でも、「情」で受けてくれたりします。

さらに、重要である「本命にすべき業者のモデル」を紹介しましょう。通常、職人を中心とした工事業者の場合、２人１組で職人さんは現場に入ります。これが最も現場をすすめる上で効率的だからです。「設備工事がメインでないが、設備工事が自前で施工できる業者」で、社長を含めて「10人未満」の業者なら、「壁、床工事」のチームが2～3チーム、「雑工事」のチームが1チーム、「水回り」が1チーム、あと社長という成員構成が理想的です。もちろん、このような成員構成の場合「外注工事」がありません。実際に46社にアプローチし、見積３３０万円が同じ内容で60万円でできた業者選定の上で重要なポイント、「設備工事がメインでないが、設備工事が自前で施工できる業者」の理想的な成員構成はこのようになります（図㉓）。

さあ、「リフォーム工事」において「低コスト」に工事を仕上げるために「組むべき業者」の「成員構成」や「業態」を知ったあなたは、これらの内容を踏まえて、後は「当たり」が出るまで、「トランプ」を引いていくのみ、「本命に出会えるのか？」と疑問を持っている方でも決して心配不要です。工事業者は星の数ほどいます。必ずあなたが物件を所有するエリアにもこの組むべき業者と同じ成員構成や業態の工事業者は絶対にいます。

本書でここまで解説してきたプロセスを事前に理解し、確実に実践すれば、効率よく多くの業者へアプローチをし、そして効果的に面談すべき業者を選定し、限られた時間の中で必ず「低コスト」に施工できる「リフォーム工事業者」を見つけ出すことができるでしょう。全ては緻密に組まれた戦略と論理展開、そして実践です。私が本事例に取り組んだ当時、単なる区分所有オーナーとして「リフォーム工事」を進めた私ができたのですからあなたにできないはずがありません。ぜひ本書を繰り返し熟読しながら確実に進めていってください。

●本命業者との最終交渉、大幅コスト削減を実現する「指値術」の極意とは？

通常「本命業者」というと、普通は「1社」ですよね？ しかし、もしあなたが、確実に「リフォーム工事」を「低コスト」に抑え、当初想定していた「納期通り」に工事を納めたいのであれば、実は1社に絞るということは非常に危険です。「本命業者」として「**最終選考」まで「残すべき業者の数」は、実は、最低「2社」必要**です。場合によっては「3社」でもいいでしょう。

その理由は「依頼しようと考えていた工事業者」から簡単に「やっぱり仕事が立て込んできたのでできません。」と断られる可能性があるからです。そのため、最後の最後、契約のギリギリまで必ず複数社確実に「ホールド」して下さい。

工事業者は「極力手間がなく1円でも儲かる仕事」に飛びつきます。しかし、我々が依頼する案件は「儲からないけど損をしない金額」の「リフォーム工事」です。そのため、先日まで「ぜひやらせて下さい！」といっていた業者も、別でいい案件があって、すぐに現場に入れるような状態であればいとも簡単に「儲からない案件」は断ってきます。通常のビジネスシーンではありえないことが工事業界では普通に起こるのです。**工事業者から「やらない」と言われたらその時点で終了**です。また一から業者を探さなくてはなりません。そのため、必ず本命にしたいと思う業者を2社以上残し、「リスクヘッジ」をして下さい。「本命業者」が決まったところで、やっと「価格交渉」です。今までの本書で解説してきたプロセスの中で「価格交渉」など一切出てきませんでしたね。この段階で初めて「価格交渉」をするのです。その理由は、そもそも「金額を下げて」といっても下がらないという「工事業者」と「施主」の「利益相反」の実態を踏まえ、**「事業構造上下げることができる構造の業者」でなければ「満足できる金額が提示されない」**という理由からです。緻密な準備と戦略的に事を進めることこそが「リフォームコスト削減」に重要ということなのです。

この「二次見積」が提出され、精査した段階で残された業者は「構造上安くできる業者」であるはずです。その中から「本命業者候補」を最低2社選定してください。そして本命業者へ対して以下の内容を伝えてください。

【あなた】「今後物件を買い進める予定であり、工事の仕上がりがよければ今後もお願いしたい。」

そして、「繁忙期の再度の確認」です。

【あなた】「もし依頼をした場合、指定した時期までに必ず工事を完了できますよね？」

と念を押します。その上で、「最悪の状態」、即ち、土壇場になって「やっぱりできない」と断られたとしてもすぐに手を打てるように、「本命業者候補」を最低２社、もしくは３社確保しておくのです。「工事業者」は「見積提示した案件」に断られることに慣れていますので、それと同じくらい依頼されたとしても平気で断ってきます。そのため、必ず「複数社の本命候補に契約がいつでもできる状態」を保ってください。

そして、いよいよ本命業者へ工事費の指値をします。

【あなた】「壁紙８００円は高いから４００円にして。」
【あなた】「８００円の壁紙を半額にまけて。」

このような、何の根拠もない指値をしても、工事業者は絶対に見積を下げてきません。「高いから安くして」「負けて」と大家が普通に言っても、工事を受注することで「売上利益」を上げ、「１円でも工事を高く売ること」が生活を守ることと直結する工事業者には一切通用しません。たとえ値引きをしてくれたとしても、その値引きは初めから織り込まれていた程度の「値引き」しか有り得ません。まちがいなく断言できます。

ではどのようにすればいいのか？　結論から言いましょう。

▼「相場観を持った指値」

実は、これこそが「リフォーム工事」を「低コスト」に実現するために必要不可欠な「値引きにおける究極の戦術」となります。

この「相場観を持った指値」とはどのようなものか？　それは一言で言いますと**「業者が儲からないが損をしない金額のこと」**を指します。

一方で、**「相場を度外視した指値」**は、時間の無駄であるばかりか、相手に**「やっぱり素人だ」と逆に甘く見られる原因**になります。そのため、「指値」は非常に重要なのです。「相場観を度外視した指値」をした瞬間、「あっ、この施主は素人だな、そんな金額でやる業者なんて、いるわけないだろう」と案件辞退されるか、素人と見透かされ「バカ高い見積が提示」されるかのどちらかとなります。そのため、「相場観を持った指値」は非常に重要になるのです。すでにこの段階まで来たあなたは、工事や工法だけでなく、部材の実勢価格や工事項目ごとにどのくらいの工数がかかるのか等、工事に関する知識がかなり習得できているはずです。

参考までに、工種ごとの単価を示しておきます（図㉔）。

そもそも「本命」と決めた業者は、現段階でも「提示価格が安い業者」で、さらに「構造上安く見積提示できる業態」の業者のはずです。また「やる気」もあり、礼節やマナーもあり、仕事も繁忙すぎるほどではないはずです。その上でその業者へ対して「相場観を持った指値」をすれば、相手も確実に前向きに検討するでしょう。なぜならば、今までの業者選定プロセスは**「構造上安く出せる業者」を「より効率的に選定するためのノウハウ」**だったからです。

ではどのように指値するのか？　具体的に説明しましょう。

【あなた】「実はこの価格が他の業者から出ているんです。」
【あなた】「御社がこの価格を出してくれたら、是非とも御社にお願いしたいと思っています。」
【あなた】「もし御社がその価格でこの仕事を受けてくれたら、もう1社の社長へ断りを入れに謝りに行きます。」

このように伝えてください。

極論になりますが、実際に他業者から「この価格」という「ベンチマークにするべき見積」が出ていなくても実のところ問題ありません。なぜならば、「今回施工する予定の工事」に関しての「相場観」さえつかんでいれば、「本気でやる気のある工事業者から出てもおかしくない工事金額」だからです。

たとえば「壁紙800円を400円に」というのは「相場度外視の指値」ですが、「壁紙800円を600円に」なら、工事業者によっては実際に提示される可能性が高い見積金額となります。相場金額さえ外れていなければ、工事業者は「その金額ならありえるな、うけようか、どうしようか」という思考になります。

あとは「あなたの依頼を受けたいかどうか」の「工事業者」の「気持ちの問題」になります。そこで「現場調査」「二次見積依頼」の時のあなたと工事業者との会話による「コミュニケーションの成果」が問われるのです。決して偉ぶらず、下手にでず、誠意を持って今回の案件を依頼しましょう。

先ほど「相場観さえあればベンチマークにする見積は出ていなくてもよい」と伝えました。

㉔工種ごと単価表

	項目	作業	内容	施工単位	基本単価（材工込）	備考
内装工事	壁紙	張替え	普及品	㎡	700～1,300円程度	サンゲツSP級
	床	張替え	CF（クッションフロア）	㎡	1800～2800円程度	サンゲツＨフロア
		張替え	フローリング	㎡	4,000円～6,000円程度	
		張替え	フローリング（防音）	㎡	4,500円～6,500円程度	
		張替え	フロアタイル（塩ビ）	㎡	3,500円～4,500円程度	
	塗装工事	塗替え	木、鉄部での塗装範囲　大	人足	20,000円～25,000円程度	下塗、中塗、上塗の計３回塗
		塗替え	木、鉄部での塗装範囲　小	箇所	3,000円～5,000円程度	下塗、中塗、上塗の計３回塗
設備工事	ガス設備工事	敷設	ガスメーターから給湯器、コンロまで	m	2,500円～3,500円程度	各ガス会社認定工事会社による
		接続	給湯器、システムキッチンのビルトインコンロ	箇所	10,000円～20,000円程度	
	給水排水工事	敷設	洗面化粧台、ユニットバスからパイプシャフトまで	m	1,500円～2,500円程度	水道は塩ビ管、給湯は銅管使用
		接続	洗面化粧台、ユニットバスの各排水溝と配管	箇所	3,000円～5,000円程度	保温材込み
	電気設備工事	敷設	分電盤から各スイッチ、コンセントまで	m	1,500円～2,500円程度	
		接続	コンセント、スイッチ類	箇所	1,500円～2,000円程度	コンセント、スイッチ類含む

では、もし仮に本命業者が「その価格が出ていると言うなら、他業者の見積を見せて下さい」と言われた時はどうすればよいのか？
その対処方法はこうです。

【あなた】「申し訳ないがこの見積を社長に見せたら、社長の見積ももう一社に見せなくてはなりません。商道徳上お互いよくないですよね？　だから見せない方がいいと思います。」

そう伝えてください。そうすれば工事業者は「それなら仕方ありませんね」と言うはずです。

この「相場観を持った指値の技術」は、本書のノウハウの根幹となる非常に重要な部分ですので整理します。

本事例の規模で「リフォーム工事費用削減」の秘訣は、

▼構造上安く出せる業者へ
▼工事業者が損をしないが儲からない金額で
▼相場観ある指値をすること

が大幅コスト削減の秘訣です。

これらの「戦略的ロジック」が伴った上で、初めて「見積3３０万円」で提示されていた工事内容を全く変えることなく、同じ内容で「60万円」で工事をする、「リフォームコストの大幅削減」が実現したのです。

●見積金額３３０万円が同じ内容で60万円に！　実際の工事費内訳を公開！

図㉕が、施工当時築32年、当初見積金額３３０万円で提示があった物件の工事費内訳です。

最終的に依頼をした工事業者は「A～F」にカテゴリー分けをして見積提示がありました。「A」が工事費の割合を最も大きく占める「水回り設備工事」です。37万円と、全体の約6割です。「ユニットバス」は設置込で「25万円」。「ヤフーオークション」で同じ品番の金額を調査すると、「部材単体」が「26万3400円」、「設置工事」が「別途5万」必要でしたので非常に割安であることがわかります。また「洗面化粧台」は今から考えるともっといいものを入れられたと思うのですが、「幅60センチ」の「シャンプードレッサー」ではない通常のタイプで「3万1000円」。同様のものが、「ヤフーオークション」だと「3万5000円」でした。ヤフーオークションが特段安くないことがわかります。

いずれにせよ、「水回り設備工事」が1室丸ごとリフォーム工事をする場合にかなりの割合を占めるということがおわかりいただけたかと思います。

次に「C」のクロス工事です。「壁紙工事」は「剝がし費用込み」で650～700円程度が出たらベストだと思います。本事例の場合は750円でした。「D」の「床工事」に関しては、「1㎡1000円」。これは今思うと一区分所有オーナーへ対しての価格では破格の価格です。業者間の仕入れでも通常この金額より高いので申し訳ないことをしたと思うくらいの価格です。そのため、あまり参考にならないかもしれませんが、この時この業態、事業構造の工事会社で実際にこの価格が出ていますから、理論上不可能な金額ではないと言えるでしょう。

この実際の工事費内訳から何を伝えたいかというと、この金額は55㎡、ユニットバス交換を含めたフルリフォーム工事の実際の工事金額です。即ち、これは、この規模の「ローコスト戦略」の「リフォーム工事」における相場観なのです。

本書をお読みのあなたは、

▼構造上安く出せる業者へ
▼工事業者が損をしないが儲からない金額で
▼相場観ある指値をすること

という大幅コスト削減の秘訣を肝に銘じて、**「相場観ある指値」、即ち、ここに「記載のある金額」で、前述した業態、事業構造の業者をここまでのプロセスで学んだ手法で効率的に探し出し、その業者へ「指値」をすればよい**のです。これこそが本書でお伝えする「究極のリフォームコスト削減ノウハウの極意」となります。

●最後まで要注意！　見積最終確認と契約の注意点

本命の工事業者であっても、残念ながら大家との関係はビジネスモデルとしての「利益相

㉕実際の工事費内訳

No	名　称	仕　様	呼　称	数　量
A	設備機器工事			
	既設ユニットバス解体処分		式	1
	給湯、給水、排水 UB 接続工事		式	1
	ユニットバス　TOTO1116	組立共	式	1
	洗面台、洗濯パン、キッチンシングルレバー取付費		式	1
	洗濯パン　640×640	TOTO 横引トラップ	セット	1
	洗面化粧台　W500	INAX　FCN-500/PIFW	セット	1
	洗面化粧台　ミラーキャビネット	INAX　MFX-501	セット	1
	シングルレバー混合水栓	INAX　SF-B420SX	セット	1
		小計		¥371,245
B	木工事			
	ユニットバス壁１面造作			
	設備配管後復旧			
	壁一面解体		式	1
	解体小口復旧			
		小計		¥30,000
C	クロス工事			
	６畳（和→洋）　天井	SP 級　無地	㎡	8.1
	同上　下地処理		式	1
	６畳（和→洋）　壁	SP 級　無地	㎡	22.5
	同上　下地処理		㎡	22.5
	4.5畳（和→洋）　壁・襖	SP 級　無地	㎡	24.3
	同上　下地処理		㎡	18
	納戸　壁　張替　押入含む	SP 級　無地	㎡	32.4
	LDK　壁　張替	SP 級　無地	㎡	31.5
	玄関　廊下壁　張替	SP 級　無地	㎡	19.8
	WC　壁　張替	SP 級　無地	㎡	8.1
	洗面　壁　張替	SP 級　無地	㎡	9.9
		小計		¥129,745
D	床　CF　工事			
	LDK　６畳	サンゲツ HH 級	㎡	20.9
	納戸	サンゲツ HH 級	㎡	9.3
	廊下	サンゲツ HH 級	㎡	3.2
	洗面	サンゲツ HH 級	㎡	2.1
		小計		¥35,500
E	フロアータイル張り工事			
	フロアータイル	在庫品	㎡	1.7
		小計		¥4,930
F	畳工事			
	タタミ表替		枚	6
		小計		¥30,000

~~工事見積￥3,300,000~~

工事費総額￥601,420

反」「食うか食われるか」であるということを心の片隅に置いておかなければなりません。また工事業者も実際に工事を依頼してみなければしっかりとした工事品質なのかどうかもわかりませんし、また後々追加請求がないか等もわかりません。そのため、工事契約には非常に注意が必要です。提示されている見積と工事契約に関しての注意点を以下に列挙します。

【注意点①】「追加請求の有無の確認」

「リフォーム工事」は実際に解体してみないと、どのくらいの手間が掛かるのか判断がつかないことが非常に多いものです。そのため、「何かあったら、後で追加金額を請求すればよい」と通常の工事業者は考えます。また裏を返せば、「何があってもこの金額でやります」という見積は、その見積金額に「何かあった時はその見積金額内で対応する」という工事のリスク部分も含まれているため、しっかりと粗利が乗っています。

「コスト削減」はいわば「掛け捨ての保険」をかけずに何かあった時に自分で損害に対応するようなものなのですが、この「契約段階」で「追加請求」に関してのスタンスを明確にしておきましょう。

【注意点②】「契約書に修繕箇所の漏れがないか確認」

これは非常に重要です。現地で施工したい箇所を事細かに説明しているにもかかわらず漏れているということも工事業界では往々にしてあります。この契約段階で漏れたものは「全て大家が自費で負担する覚悟」が必要です。契約締結後、工事が始まってから「ここも、ここもお願い」と後で気軽に依頼することは「工事会社との関係性」に悪影響を及ぼす可能性があります。

なぜならば「工事業者」は職人を日当で雇っているからです。契約に基づいて工数を計算し、職人の日当を原価計算します。そのため、「手間仕事」が増えれば「工事会社」の原価が増え、「採算性」を圧迫します。もともと「儲かる工事金額」で依頼していれば良いのですが、本書を熟読し現段階まで進んだ大家さんが依頼する工事は「もともと利益が薄い工事」のはずです。

そのため、契約後「あれもこれも」は御法度、当然ながらに細かな工事でも「全て追加工事」となってしまいます。この契約段階で確実に潰しこんでください。

【注意点③】「工程表の添付、および中身の確認」

工程表は手書きでも構わないので、必ず添付してもらってください。実際には「工程表通りに進まない」というのが工事現場だったりしますが、予定の期日までに仕上げるためにも必須となります。

【注意点④】「自分でやりたい箇所を省く」

もしあなたが時間的に余裕があり、「ＤＩＹ」がお好きな方であれば、是非ともご自身でトライしてみてください。実際に自分で工事をやってみるといかに手間がかかる仕事かがわかります。これは、この部分は業者に依頼したほうが良い、この部分は自分でやったほうがよいと工事箇所や項目ごとに理解できるでしょう。そのため、ご自身の物件は絶好の勉強の場です。もしご自身でやりたい箇所がある場合はこの時点で申し出て、省くように依頼してください。

基本的には現段階で提示されている詳細見積と工程表を工事請負契約書に袋とじで綴じ込む形式が良いでしょう。そして割印を押し2部作成してもらい、当方と工事業者側で1部ずつ持つようにしましょう。またこの契約書に綴じ込まれた見積金額はあなたの物件所在エリアの重要な実績になります。今後のリフォーム工事の重要な「相場観の根拠」となりますので大切に保管しておいてください。

●「業者選定におけるリスク」をどう「リスクヘッジ」するのか？

契約書を確認したら、本命業者との工事契約です。しかし、実はここで非常に大きなリスクがあります。そのリスクとは何か？

それは本命で工事をお願いしようと思っていた工事業者からの突然の断りの電話、即ち、「本命工事業者から工事を辞退されるリスク」です。そのための「リスク対策」は本命業者を2社以上残すことです。しかし、本事例の規模では工事は1社にしか依頼できません。どちらか一方の工事業者は断る必要があります。ただしこの「リスクヘッジ業者」も今後工事をお願いする可能性もないわけではありません。むしろ、今回の業者が忙しいと断られた時にお願いできるように良い関係を維持しながら断ることが大切です。このフェーズで重要なポイントをひとつひとつ挙げていきましょう。

▼工事契約を締結してから断る

本命工事業者との契約前に「リスクヘッジ業者」を断ってしまったら、本命が「やっぱり工期が遅れる」などと突然言い出した時に、次がいません。契約土壇場になって工事業者が「やっぱりやらない」と言い出し「逃げるケース」も往々にしてあります。そのため、ギリギリのギリギリまで、可能であれば「本命業者と契約をするまで」他の本命候補業者を断らないことです。これが重要な「業者選定におけるリスクヘッジ」です。

▼また頼むことを考えてうまく断る

この段階まで残っている業者、即ち本命候補業者は業態、社長の人柄等、すべての条件を満たしているはずです。次回のリフォーム工事のタイミングで、今回依頼する本命工事業者が忙しく依頼できない可能性もありますので、必ず「次の工事はぜひ社長のところで依頼させていただきたい」とお詫びかたがた面談の上で今回の工事は別の業者で決まった旨伝えましょう。多くの業者に網をかけた結果勝ち残った「リフォーム工事」を「低コスト」に受けてくれる貴重な「工事業者」ですので、またいつでも依頼できるように誠意を尽くして断ってください。

▼「他社の方が見積価格が安かった」は厳禁

この段階で値段のことを言い出すと、相手からの信用を確実に失います。大家になる、ということは、長期にわたりその物件と付き合っていくということです。通常は、物件を次から次へと購入し、不動産投資を拡大していく方が大半だと思います。

また本書の冒頭でもお伝えしたとおり賃貸経営で利益を残すためには「リフォーム工事」を

「低コスト」に抑えることは切っても切り離せません。そのため、リフォーム工事業者とのつながりは1社でも多い方がいいのです。ここまでのプロセスを経て知り合った業者を大切にしましょう。彼らは「値段のみ」の工事案件を嫌います。なぜならば工事金額が彼らの生活に直結するからです。いくら低コストでリフォームを行うにしてもそのことを絶対に忘れてはいけません。

リスクヘッジ業者へ対しての断りを入れる場合、具体的には次のような言葉が有効です。

【あなた】「もう1社の社長がどうしてもといってお願いにきた。」
【あなた】「その社長はどうしてもこの案件をやりたいといっている。」
【あなた】「その社長はご年輩だが一生懸命で断りきれなかった。」
【あなた】「見積価格が安いとかという理由ではない。同じ価格、同じ条件。」
【あなた】「次回は必ずそちらへお願いしたい。」
【あなた】「お詫びかたがた連絡させてもらった。」

前述しましたが、「工事業者」は見積提示した案件に対して断られることに慣れています。

だからといって、「やっぱりいいです」と一言で断っていいわけではないのです。相手はもともと美味しくない仕事を情でやろうとしてくれていたということを理解した上で誠意を持って関係性を維持できるようにうまく断ってください。

●330万円を60万円に削減した「大幅コスト削減」の秘訣とは?

私が本書の中で紹介した、最も重要なノウハウを一言でいいますと、以下となります。

【修繕コスト削減の秘訣】

▼構造上「安く出せる業者」へ

▼「儲からないが損をしない価格」で「指値」をし

▼「破格の値段」を引きだし

▼それでも「やりたい業者」と「工事契約」をする

これまで、「本命業者」を見つけ出す方法を事細かに取り上げてきました。より多くの業者に対して効率的にあたるために緻密に戦略と施策を組み合わせ、工事業者に大きく網をかけ見積依頼を行います。そしてその網をかけた工事業者の中から「構造上安く出せる業者」をよりすぐる、そして「成員構成」や、その工事業者の「外注比率」「職人比率」を把握した上で選定し、さらにその工事業者がどのような生い立ちか、繁忙度合いはどうかを理解した上で本命候補を見つけ出し、その本命候補へ「相場観」を持った指値をする。

これこそが本書で解説している「見積３３０万円」を全く同じ内容で「60万円」にまで大幅コスト削減に成功する「リフォームコスト削減ノウハウ」の全てなのです。

この構造上安く出せる業者へ、「儲からないが損をしない価格」で「指値」をし、「破格の値段」を引き出し、それでも「やりたい業者」と「工事契約」をする、すなわち、緻密な戦略を持ちロジックを組み立てながら論理的にコスト削減を行っていくことが、最重要ポイントとなります。

第4章 「工事開始」から「募集」までここが違う！ 利益が残る賃貸経営の具体的方法とは？

【工事開始】

●〝素人大家〟が知らない「現場確認」ですることとは？

ようやく「本命業者」が決まり、「工事契約締結」の後、やっとあなたの物件で「工事」が開始します。この工事において、施主であるあなたが事前に理解しておくべきことは「工事とは全て手作りということ」です。即ち、人により仕上がりが大きく違いますし、その「作業する職人の気持ち」により、ひと手間かけてくれるのか、少しでも手を抜いて作業するのか大きく変わってきます。そのため、**「施主としてすべきこと」**は、**「できる限り現場**

に顔を出すこと」です。

「リフォーム工事」には仕上がってからだと「目に見えない箇所」がいくつもあります。そこで手を抜かれてしまっても、後の祭り、素人には全くもってわかりません。だからこそ、工事中に現場に頻繁に顔を出し、「工程表」の通りに進んでいるのか、また、「契約で指定された工事内容」でちゃんと施工されているかどうかの確認をしていきます。

また、「ジュース」や「お菓子」などの差し入れをする等して現場で汗を流してくれている職人さんとコミュニケーションをとることは非常に有効です。併せて「掃除手伝いましょうか？」という一声をかけるのもよいでしょう。もしかすると最初はうっとうしそうに見られるかもしれませんが、そもそも、あなたご自身が所有する物件の現場です。遠慮する必要はありません。

また、中には昔気質の職人さんがいて、「掃除なんていいよ。邪魔だ、邪魔」と邪険に扱われることもあるかもしれません。それでも、現場に顔を出し、「お疲れ様です。いつもありがとうございます。」と声をかけ続けることで、その「現場の職人さんとの関係性を構築すること」を心がけてください。

毎日のように現場に行っていたら、職人さんとの関係もいい形で形成され、「この施主さんだからちゃんとやってあげよう。」と、施工したら後で見てもわからない部分でも「きっちりやってあげよう。」という気持ちになってくれます。
ただ、稀にいらっしゃるんですが、大家さんの中で、現場に顔を出したものの、「俺は施主だ」とばかりに腕組みしてふんぞり返って指示だけして帰る方。残念ながら現場で汗を流してくれている職人さんに悪いイメージを与えるため、やめましょう。

施主であるあなたが、「工事中に現場に顔を出す目的」は、実はもうひとつあります。それは「工事現場は絶好の勉強の場である」ということです。今までのプロセスで「ホームセンター」や、ホームセンターに設置されている「施工手順」が記載された「リーフレット」等で施工手順や工程等、工事の中身を勉強してきましたが、やはり実際の工事現場で工程を実際に見学するのが最も効果的です。あなたご自身の現場ですのでこの機会を大いに利用すべきです。単に工事を進めるだけでなく、確実に「次につながる知識」も蓄積していきましょう。

「現場確認」における注意点は以下の3つです。

▼指定された「箇所」「材料」「段取り」で作業されているかの確認
▼実際の「施工」「工法」を見学することにより工事に関する知見を深める

▼「解体状況」「施工箇所」「施工手順」をできる限り写真に撮る

さきほども言いましたが、「リフォーム工事」は「仕上がり後には見えない箇所」がいくつもあります。そのため、見積段階で工事業者側からすると、「剝がしてみないとわからない」という箇所が非常に多くあるのです。工事業者はそのリスク部分を粗利に乗せ、結果的に割高な見積になるケースが往々にしてあります。

しかし、工事が進む中で、この「剝がしてみなくてはわからない部分」を剝がした状態で写真を撮っておけば、次にまた「修繕工事」を頼む時も「工事業者」はその状況が写真でわかるため、安く見積もることができます。そのためにも、リフォーム工事中の**工事現場には頻繁に足を運び、職人さんと「コミュニケーション」をとりながら、工事進捗ごとに写真をたくさん撮る**ようにしましょう。

「工事完了時」ですが、当然のことながら、「契約書のとおり施工されているかどうか」、また「指定された通りに丁寧に完成されているか」をひとつひとつ確認します。何段階もの手順を踏んで決めた本命業者ですから、「明らかにこれはおかしい！」と思うような問題点はほとんどないと思いますが、何度も言いますが工事というものは「手作り」のため、実際に施工してみなければその工事業者の品質はわかりません。念には念を入れて確認してください。

この時、特に次の点に気を付けて確認してください。

▼壁紙、クッションフロアなどに「傷」や「ふくれ」「剝がれ」はないか?

内装業は「クレーム産業」と呼ばれるくらい、クレームが多い職種です。というのも、数ある専門工事の中で工事工程上最後の方に入る工種だからです。壁紙を張り終えた後に設備工事業者が別の工事の補修のために訪れ、壁紙に脚立などを当てて傷をつけてしまうことはよくあります。そのため、壁紙の「傷」「ふくれ」「剝がれ」がないか、すべての施工箇所を確認してください。

▼電気、スイッチ、給湯設備等すべて問題なく稼働するか?

今回の工事で交換した「稼働」する部分、また、電気のコンセントやスイッチ類も全て、ちゃんと動くかどうか、電気が来ているかどうか確認してください。給湯器等も全てです。これらにもし不具合があれば入居者が入ってからではリカバリーのために3倍の手間がかかります。またもし不具合が見つかったとしても、工事完了後すぐであれば見栄えよく修正ができるものでも、入居者が入ってからであれば応急処置しかできなくなる可能性もあるからです。そのため確実に工事完了後すべてチェックして下さい。

▼「照明」を一部消して「壁」をいろんな角度から見る

内装工事の中でも、特に壁紙は意外に職人の「上手い下手」が出る専門工事です。あまり上手でない職人が施工すると壁紙と壁紙の隙間が数ミリ空いてしまったり、また、既存の壁紙の下紙をうまく剝がせていなかったりします。照明を点けている時は気づかないのですが、一部の照明を消すと、光の加減でその「剝がし残り」が新しい壁紙を通してうっすら見えることがあります。

これらも、工事完了後すぐであれば快く対応してもらえますが、「工事完了」して数カ月経ってからでは「工事業者」は嫌な顔をします。そもそも高粗利の案件ではないということを忘れてはいけません。高粗利の工事案件であれば半年経っても喜んで対応してくれますが、本書をここまで読み進めて頂いたあなたが依頼している「工事案件」は「低粗利」なはずです。そのため、工事完了後、照明を点けたり消したりして様々な角度からすぐに確認をして不具合があれば早めに修正を依頼してください。

これら3つのポイントを通して、皆さんに確実に理解しておいて欲しい点は、先ほども触れましたが**「工事完了後、すぐにしかクレームは言えない」**ということです。

もともと「儲からないが損をしない価格」、つまり「破格の値段」で工事を依頼しています。そのため、工事業者にとっては低粗利案件、即ち儲からない仕事なのです。従って工事完了後すぐのクレームなら、「悪かったね」と自らの非を認め対応してくれますが、時間が経過してから「ここが悪かった」「あそこ、直してよ」等と言うと、その「クレーム箇所の責任の所在」がはっきりしないため、決して良い顔はしません。1回は対応してくれたとしても、工事業者との関係性は良好とは言い難いものになるでしょう。今後、また何かをお願いしたいと思っても、「お宅の仕事は受けない」となりかねません。

あなたが「低コスト」に「リフォーム工事」を依頼する以上、工事完了後、すぐにすべての施工項目を確実に確認し、不具合箇所を明確化した上で、修正依頼をする必要があります。

●「工事完了引渡し」後の工事業者とのつきあい方

残念ながら、世に存在する全ての建物は必ず年月の経過と共に確実に劣化していきます。この先、また必ず何年か先には確実に修繕が必要になってくるのです。そのため、今回工事をお願いした工事業者とはよい関係を長く保てるように、引渡し時にも気を抜いてはいけません。
「引渡しのタイミング」にも、施主であるあなたが行うべきポイントがあります。

▼社長だけでなく、現場に入っていたメンバーへ「感謝の言葉」を直接言う
▼工事中に現場に足を運ぶことで気づいた「良かった点」を、社長に具体的に伝える
▼工事金額の「支払い」はこちらから先に持ちかけ、即座に全額支払う

この3つです。人間は感情に左右されます。ましてや、すべてが「手作り」である「工事」はなおさら「人の感情や気持ち」により「仕上がり」が大きく変わります。そのため、工事現場に足を運んで見つけた感謝の意を具体的に社長に伝えるのです。

具体的な文言はこのような感じになります。

【あなた】「社長、本当にありがとう。お蔭でいい物件ができました。」
【あなた】「◎◎さんがいろいろやってくれたお蔭で、見違えるほどきれいな部屋になりました。」

【あなた】「社長、××さんは、忙しいのに、いつも質問をすると丁寧に教えてくれて、私も勉強になりました。」

そして、これは工事業者との良好な関係性を維持するために最も大切なことなのですが、工事代金の「支払い」を必ずこちらから持ちかけてください。手間仕事の工事業者にとって、「工事代金の回収」ができて初めて、施主はお客様、お客様は神様になります。

裏を返せば「下請け仕事」の場合、工事業者間の支払いサイトは手形の場合が多く、資金繰りに苦労している工事業者は非常に多いのです。そのため、確実に、また早期に代金回収ができる「元請け業者」になりたいのです。ですから、工事が完了し、工事現場の完了確認が済めばこちらから支払いを持ちかけ、サクッと支払います。これで「●●さんは金払いがいい」と、その他大勢の施主や安定的な工事を発注する「元請け業者」とも差別化を図ることができます。

決してここで値切ってはいけません。この段階で値切る施主はもってのほかです。値切った時点で負け、これまでの苦労がすべてパーとなります。

ご祝儀をプラスするくらいの気持ちでいくこと、これが「低コスト」に工事を収めてくれる「リフォーム工事業者」と「良い関係性」を維持するための秘訣です。

【募集開始】

●「利回り20％」を達成するための「客付テクニック」の本質とは？

本事例では、ここまでのプロセスをたどることで「当初見積330万円」だった物件が、全く同じ内容で５分の１以下の「60万円」で修繕をすることができました。本事例が所在する愛知県名古屋市中区のロケーション、そして「ファミリータイプ」の物件で「利回り20％」という物件は皆無です。ではなぜそのようなことが実現できたのか？

それは「低コスト」にリフォーム工事を仕上げ、「高く貸しているから」です。「低コスト」に「リフォーム工事」が完了し、「安い家賃」で貸していては「高い利益」はでません。可能であれば「低コスト」で「リフォーム工事」を仕上げて「高く貸すこと」ができれば、その物件で大きな利益がでます。リフォームを低コストに抑えていますので、賃貸経営戦略上、コストで勝負することになれば、「家賃を下げること」はいつでもできます。そのため、本事例のレベルでの工事が完了した状態では１円でも高く貸す努力をするべきです。しかし「１円でも高く貸す」ためには、こちらもまた準備が必要です。

工事完了後、すぐに募集を開始しますが、そのための準備を具体的に見ていきましょう。

▼「設備説明書」のファイル綴じ
▼「完成室内」の写真を撮る
▼「募集図面」の作成

仲介業者へ募集を依頼し、彼らに快く募集活動をしてもらうために必要なことは、「気の利いた「募集図面」と「室内写真」」を用意することです。

仲介業者のもとには毎日のように多くの募集図面がFAXされます。その中で目立ち、仲介業者の心に留まって紹介する気になってもらうには、この「気の利いた募集図面」が重要となります。また実際に仲介業者の元に部屋を探しに来た内見希望者の心を掴むには、「室内写真」が効果的となります。さらに効果的な募集活動をするには、「より多くの仲介業者へ依頼すること」が重要です。

そして入居者が入りやすい「「戦略性」のある「賃料メニュー」」も非常に効果的です。

図㉖をご覧下さい。これが実際に本事例で使用した募集図面です。

▼「便利！　都心なのに驚くほど静かな住環境」

㉖募集図面の例

▼「快適と便利と安全を兼ね備えた賃貸マンション発見！」
▼「太陽が降り注ぐ！」
▼「分譲賃貸」
▼「希少物件です！」

ここで重要なことは「キャッチを考える文章力」です。

「情報」とは「多面体」です。どこからその情報という多面体に「スポットライト」を当てるのかによって、全く見える姿が変わります。賃貸物件における「セリングポイント」を考える時も同じです。「何の変哲もない物件」、即ち「ローコスト戦略物件」でも、見た人の興味をかきたてるキャッチを考えて募集図面に散りばめること、これが重要です。

残念ながら、「ローコスト物件」はその他大勢の競合物件が非常に多いため、基本的には市場価格に引っ張られます。「オンリーワン」で、その物件しかない設備やコンセプトで市場認知度を広げ、「良い入居者」を「高い金額」で長きにわたって惹きつける「付加価値戦略」の物件とは、まるで戦い方が違います。ですから、「ローコスト戦略」の場合は「家賃下落」や「価格交渉」を織り込んだ上での「賃料メニュー」を決める必要があります。また、〝素人大家〟は、「募集図面」の仲介業者に作成を依頼します。しかし、プロの大家は、自らの物件の「セリングポイント」を考え、自らの文言でもって「募集図面」も自分で作るのです。

人口減少下の今、毎日新築物件の空室情報がＦＡＸされる過剰供給の時代です。極端な話をすれば、「１００㎡の分譲マンション」で、「システムキッチン完備」「風呂は戸建て用」の豪華タイプ、それでいて「家賃月５万５０００円」というような競合物件を相手にしなくてはならなくなるかもしれません。

しかし裏を返せば、ひとつの部屋には1件の契約しか結ぶことができません。要はたった一人に気に入られることができればよいのです。効率よく入居者を見つけるためには、特に「ローコスト戦略」を取る大家さんは「募集の段階」でも積極的に動く必要があります。

募集を依頼する仲介業者ですが、「対象物件」の「向こう三軒両隣の駅」まで確実に依頼し

㉗仲介業者のリスト化具体例

●二●ニ	電話	FAX	住所	担当者	
鶴舞	052-3[redacted]	052-3[redacted]	愛知県名古屋市中区[redacted]	岡本さん	普通
金山	052-32[redacted]	052-3[redacted]	愛知県名古屋市中区[redacted]	石黒さん	よい（女）
栄	052-97[redacted]	052-[redacted]	愛知県名古屋市中区[redacted]	宮崎さん	新人
名古屋	052-4[redacted]	052-4[redacted]	愛知県名古屋市中村[redacted]	小島さん	よい（メガネ）
名古屋東	052-5[redacted]	052-5[redacted]	愛知県名古屋市中村[redacted]	山田店長	
千種	052-7[redacted]	052-[redacted]	愛知県名古屋市千種[redacted]		
池下	052-76[redacted]	052-[redacted]	愛知県名古屋市千種[redacted]		
八事	052-8[redacted]	052-[redacted]	愛知県名古屋市昭和[redacted]		
杁中	052-83[redacted]	052-[redacted]	愛知県名古屋市昭和[redacted]		
御器所	052-73[redacted]	052-[redacted]	愛知県名古屋市昭和[redacted]		
新瑞橋	052-8[redacted]	052-8[redacted]	愛知県名古屋市瑞穂[redacted]		
熱田	052-6[redacted]	052-[redacted]	愛知県名古屋市熱田[redacted]		
高畑	052-3[redacted]	052-3[redacted]	愛知県名古屋市中川[redacted]		
●●ショー	電話[redacted]	FAX[redacted]	住所[redacted]		
中村	052-41[redacted]	052-4[redacted]	名古屋市中村区豊国[redacted]		
高畑	052-35[redacted]	052-3[redacted]	名古屋市中川区高畑[redacted]		
東海通	052-65[redacted]	052-6[redacted]	名古屋市港区津金一[redacted]		
広小路	052-20[redacted]	052-2[redacted]	名古屋市中区栄二丁[redacted]	長尾店長	よい
金山	052-68[redacted]	052-6[redacted]	名古屋市熱田区金山[redacted]	石田さん	普通
熱田	052-67[redacted]	052-6[redacted]	名古屋市熱田区神宮[redacted]		
千種	052-73[redacted]	052-7[redacted]	名古屋市千種区今池[redacted]		
池下	052-76[redacted]	052-7[redacted]	名古屋市千種区春岡[redacted]	鈴木さん	普通
御器所	052-73[redacted]	052-7[redacted]	名古屋市昭和区阿由[redacted]	上田さん	普通
杁中	052-83[redacted]	052-8[redacted]	名古屋市昭和区隼人[redacted]		
●イ●ル	電話[redacted]	FAX[redacted]	住所[redacted]		
熱田	052-68[redacted]	[redacted]	名古屋市熱田区神宮[redacted]		
新瑞橋	052-85[redacted]	[redacted]	名古屋市瑞穂区瑞穂[redacted]		
池下	052-75[redacted]	[redacted]	名古屋市千種区池下[redacted]		
金山	052-32[redacted]	[redacted]	名古屋市中区金山4[redacted]	竹内さん	よくない
上前津	052-24[redacted]	[redacted]	愛知県名古屋市中区[redacted]	副田店長	よい
御器所	052-74[redacted]	[redacted]	名古屋市昭和区御器[redacted]	松岡さん	よくない
栄	052-97[redacted]	[redacted]	名古屋市中区錦3-2[redacted]	早川店長（	よくない（よい）
高畑	052-36[redacted]	[redacted]	名古屋市中川区高畑[redacted]		
千種	052-74[redacted]	[redacted]	名古屋市千種区今池[redacted]		
中村公園	052-41[redacted]	[redacted]	名古屋市中村区豊国[redacted]		
名古屋駅前	052-45[redacted]	[redacted]	名古屋市中村区椿町[redacted]	伊藤さん	よい
●ョイン●イフ	電話[redacted]	FAX[redacted]	住所[redacted]		
御器所	052-85[redacted]	052-8[redacted]	名古屋市昭和区阿由[redacted]		
金山	052-3[redacted]	052-3[redacted]	名古屋市中区金山4-[redacted]	山内さん	よい
矢場町	052-2[redacted]	052-2[redacted]	名古屋市中区栄3-32[redacted]		
池下	052-7[redacted]	052-7[redacted]	名古屋市千種区春岡[redacted]		
●ウス●ム	電話[redacted]	FAX[redacted]	住所[redacted]		
高畑	052-36[redacted]	052-3[redacted]	愛知県名古屋市中川[redacted]		
池下	052-76[redacted]	052-7[redacted]	愛知県名古屋市千種[redacted]	河合さん	よい
高畑	052-36[redacted]	052-3[redacted]	愛知県名古屋市中川[redacted]		
●まいの●番	電話[redacted]	FAX[redacted]	住所[redacted]		
千種	(052)9[redacted]	FAX 9[redacted]	名古屋市東区葵3-25[redacted]	中根店長（	普通
名古屋	(052)4[redacted]	453-9[redacted]	名古屋市中村区名駅[redacted]	高木さん	よい

ましょう。賃貸物件の募集の極意は「物件情報流通量に基づく内見数」と「成約率」です。そもそも内見がなければ成約にはつながりません。より多く仲介業者に当たり、物件情報流通量を多くすることが重要です。

　また、あなたが訪問した「仲介業者」は必ず「リスト化」してください。駅ごとに、店舗、担当者名、電話番号、FAX番号、住所、をリスト化し、必ず募集依頼した時の「面談した感触」を記録します（図㉗）。

中には、築古の区分所有マンション1戸の小規模オーナーなど全く相手にしてくれず、非常に失礼な態度を示す仲介業者もいます。しかし、そのようなことがあっても問題ありません。「リスト化」する理由は、**「募集エリア単位」で仲介業者を把握する**ためです。もし失礼で非協力的な仲介業者がいたとしても、同じエリアの協力的な仲介業者に依頼すればよいのです。募集は仲介業者の店舗で見るのではなく、エリアでみること、即ち**「点ではなく面で見ること」が重要**です。

本事例は築30年を超えた区分所有マンションですが、非常に非協力的な仲介業者がいました。その時のエピソードをお話ししましょう。本事例の「リフォーム工事」が完了し、募集依頼をするために愛知県でも有名な大手仲介業者の店舗へ訪問した時のことです。

【私】「すいません。賃貸物件の募集をお願いしに来たのですが……。」
【仲介業者】「どのような物件ですか?」
【私】「この物件です。」(事前に用意した募集図面を見せました。)
【仲介業者】「7万5000円なら募集します。それ以上なら無理ですね。」
【私】「えっ?　他の仲介業者さんで8万5000円はいけると言われたのですが……。」

【仲介業者】「うちでは無理ですね。７万５０００円以上だとお受けできません。」

このやりとりは名古屋市内の某有名仲介業者の店舗に訪問した時に実際にあったやりとりです。この一方的な態度、この態度から様々なことが見えてきました。

この仲介業者は愛知県では誰も知らない人はいないほどの超大手で、テレビＣＭもバンバンやっている仲介業者でした。さらに名古屋市内の中心部、基幹店舗の店長の対応です。

この対応はにわかに信じ難い対応なのですが、彼らからすれば、たった1室の「零細区分所有オーナー」ではなく「大規模物件を複数所有する大規模大家さん」からの依頼を日常のメイン業務としているため、このような扱いをするのです。

つまり、彼らの思考原理は、零細大家からの依頼は「この条件だったら紹介してやるよ」と、彼らにとって「手間なく客付できる賃料設定」「大家が損しても簡単に入居者が決まり広告料が手に入る賃料設定」であれば募集をします。しかし仮に通常の相場賃料の場合、部屋に内見顧客を連れて行っても決まらない可能性もでてきます。そのため、彼らは**より手間なく仲介手数料と広告料を得られる条件でしか零細大家の物件を預からない**のです。

その理由は、そもそも大規模大家さんからの依頼があるので仕事には困っていないからです。しかしこのような対応を取られたとしても、素人大家さんは「そんなものかな?」と思う方もおられます。そのため、このような高飛車な態度でも納得する「素人大家であれば仲介します」というスタンスなのです。

●成約率を上げるために「戦略性ある賃料メニュー」を用意する!

実際に本事例の物件は、他の仲介業者で「月額10万円」で成約しました。この差額は、何と「2万5000円」もの額です。その結果、本事例の「物件調達コスト」と「リフォーム工事費用」を総合計した費用で年間の賃料を割り戻した「投資利回り」は、「20%」を達成しました。

この実際の成約賃料と某大手仲介業者の言った賃料の「差額2万5000円」は、単なる「2万5000円」ではありません。1カ月の差額「2万5000円」は、1年で「30万円」、3年で「90万円」にもなります。実際に本事例の物件は5年間退去がなかったので、なんと「150万円」の利益の差が出たということなのです。

本事例は「ローコスト戦略」の物件のため、決してよい「設備条件」ではありませんでした。それなのに、なぜこの「成約賃料」が可能になったのか？　それは「賃料体系の工夫」、即ち「戦略性ある賃料メニュー」にあります。

入居者が負担する費用は、「礼金」「敷金」等の「イニシャルコスト」と、毎月発生する家賃の「ランニングコスト」の2種類があります。この「イニシャルコスト」と「ランニングコスト」に「トレードオフ」の関係を持たせるのです。即ち、「敷金」「礼金」を安くし「イニシャルコスト」のハードルを下げる代わりに「ランニングコスト」を上げるか、もしくは、その逆で「イニシャルコスト」を高くする代わりに「ランニングコスト」、即ち「家賃」を下げるかというものです。

本事例の場合、実際には「敷金ゼロ」「礼金ゼロ」、ただし「保証会社利用」を条件として募集し成約しました。これらの賃料体系の工夫によって、通常相場「7万5000円～8万5000円」のところを「月額10万円」で成約したのです。

「戦略性ある賃料メニュー」を検討する上で、家賃ごとの年間収入を比較してみましょう。

▼家賃「7万5000円」×12カ月＝年間90万円

▼家賃「8万円」×12カ月＝年間96万円
▼家賃「8万5000円」×12カ月＝年間102万円
▼家賃「10万円」×12カ月＝年間120万円

「家賃10万円」の場合は「年間120万円」。ここから差額を計算すると、「家賃7万5000円」で「年間差額30万円」、「家賃8万円」で「年間差額24万円」、「家賃8万5000円」で「年間差額18万円」となります。それぞれを「敷金」もしくは「礼金」に換算すると、家賃の「4カ月分」「3カ月分」「2カ月分」に匹敵します。

即ち、「敷金」「礼金」を取らない代わりに、「家賃」を上げること、これは「イニシャルコスト」を低く抑えたい入居者にとっては、非常に大きな魅力になるでしょう。その一方で、しっかり「リスクヘッジ」する必要がある点が「家賃滞納リスク」と「原状回復費用負担リスク」です。まず「家賃滞納リスク」は「滞納保証会社利用を前提とすること」でヘッジします。また「原状回復費用負担リスク」は事前に退去時工事単価を決め、入居時に退去費用を明確化することでリスクヘッジをします。

さらに、「敷金ゼロ」「礼金ゼロ」だと、「入居」しやすい代わりに「退去」しやすくもなります。そのため、「特約条項」に「居住1年未満の退去はペナルティとして礼金4カ月分を支払う」旨の特約で「リスクヘッジ」します。

契約のポイントを整理しましょう。

【契約】

▼「敷金ゼロ」「礼金ゼロ」、ただし「保証会社利用」を義務化

【特約事項】

▼「原状回復工事精算表に基づく実費負担」

▼「1年未満の解約は礼金4カ月分を支払う」

このように、イニシャルコストを下げることで「入居のハードル」を下げたとしても、「ペナルティ」についての特約条項をつけることで、退去のリスクを下げることができます。また、原状回復費用についても事前に説明し、入居時に理解してもらいます。入居者は退去費用を事前に把握することができますし、大家側は確実に原状回復費用を受け取ることができ、退去に

伴う費用負担を下げることが可能です。

ただし、ひとつ問題点があります。借地借家法によって、「1年未満の解約は礼金4カ月を支払う」という項目が、「借主が不利な契約」となり、「特約無効」になる恐れがあることです。

そこで、実際の募集時には以下のように募集しました。


【契約】
▼「敷金3カ月、礼金1カ月」で「保証会社なし」の場合、家賃8万5000円
▼「敷金、礼金ともに0カ月」で「保証会社利用」の場合、家賃10万円

とし、入居希望者がどちらかひとつを選ぶという方式です。
この**「選択肢」を事前に仲介業者へ与えることで、現場はフレキシブルに対応ができる**ため、成約率を上げるのに非常に有効です。また、「1年未満の解約による礼金4カ月のペナルティ」は、入居希望者が通常の「募集条件」である「敷金3」「礼金1」「賃料8万5000円」ではなく、「敷金ゼロ」「礼金ゼロ」「賃料10万円」の場合に付帯するもの、即ち、入居者側の希望で「イニシャルコスト」を下げたいという「要望」を聞く代わりの「交換条件」としたのです。

そのような「交換条件方式」にすれば、前述した入居者に一方的に不利な契約になりにくくなります。これらの「戦略性ある賃料メニュー」だけでなく多角的なリスクヘッジも付与しながら、本事例は「家賃10万円」で成約し、年間120万円の家賃収入を生むことになりました。

それに対し、物件取得費は、諸経費込で540万円。修繕費は、60万円。併せて経費600万円。収入120万円÷600万円＝20％と、名古屋市内、50㎡以上のファミリータイプの区分所有物件ではありえない「表面利回り20％」を達成することができたのです。

あとは、1分でも1秒でも長く住んでもらうこと、これこそが利益を残す賃貸経営を実現する極意になります。

●賃貸開始　賃貸経営の理想と現実　大家に不可欠な9つのノウハウ

不動産投資、賃貸経営で利益を残すためには、「リフォーム工事」を「低コスト」に抑えることは必要不可欠です。しかし、いくら「修繕費用」が安く済んでも、何の戦略もなく安く貸してしまえば、元々売上の上限が限られている不動産投資、賃貸経営では、「取らなくてはいけないリスク」の割には「リターン」が非常に少ないものになります。

また、人口減少であるにもかかわらず、過剰供給が止まらない現在の日本の賃貸経営の実態は、空室大家だけでなく満室大家でさえ儲からない「非常に厳しいビジネス」です。「良い賃料を維持」しての満室経営を実現することも、年々難易度が高くなっています。そのため、何の戦略もなく、収益不動産を毎年買い進める「無秩序な拡大戦略」は非常に危険です。

よく巷で「融資を10億引けた！　自己資金ゼロでも買えた！」と言って喜んでいる大家さんを見かけることが多いのですが、融資と言ってもその本質は「借金」です。また「積算価格＝売値」でかつ「高利回り」だとして世の中で推奨されているような投資物件でも、人口が確実に減少し、いつか二束三文になる可能性を孕む地方の土地を、「莫大な借入れ」を起こして購入していることも忘れてはなりません。

そのため、常に不動産投資、賃貸経営は日本という人口減少の国での投資、即ち「大きなリスクと向き合う必要がある投資」ということを理解したうえで、緻密に戦略を組み、実行する必要があります。

本書では、不動産投資における「高利回りを実現させる秘訣」を第2章〜第3章で取り上げてきました。まとめると、次の5つに集約されます。

▼「投資戦略」の明確化と「賃貸経営戦略」の明確化を行う
▼「緻密な調査分析」をもとに、市場状況を鑑みた「物件企画」を立案する

▼「低コスト」で施工可能な「事業構造」を知った上で、その業者を効率的に検索・選定する
▼「業者」が「損をしないが儲からない、相場観ある指値」で工事を依頼する
▼「戦略性ある賃料メニュー」により極力高く貸す

私が考える「安定経営」は、単に「満室経営を維持する」ということではありません。やはり「リスク」を背負って投資をしている以上、「利益」が残ってこその安定経営です。しかし残念ながら、本書で学んだ「リフォームコスト削減ノウハウ」だけでは利益は残りません。不動産投資、賃貸経営で利益を残すためには、最低限、次のような広い分野のノウハウを勉強する必要があります。

①調査分析
②物件企画
③工事戦略
④募集戦略
⑤管理戦略
⑥既存入居者保持戦略

⑦現状回復リスク対策
⑧税金対策
⑨融資戦略

不動産投資で利益を残すためには、実はこの「9つ」のどれかひとつでも欠けてしまうと、必ずその「欠けている部分」から利益が漏れます。必ずその部分から大きなキャッシュアウトをしてしまう、それが「不動産投資」なのです。ですから、不動産投資で利益を残すためには「物事を横断的に見ること」が最も重要となります（図㉘）。

このうち、本書で取り上げた項目は①～③と④の一部分です。特に、一般的な大家さんが1室単位の空室において最も活用するであろう「ローコスト戦略」における「リフォーム工事削減」にフォーカスしましたが、あなたが継続して繁栄を続ける「勝ち組大家」として安定経営をしていくためには、その他のカテゴリーも、各カテゴリーの業界実態と、それらに関わる「業者の思考実態」を鑑みた上での「利益を残すための実践的ノウハウ」を学ぶ必要があるのです。

また「各カテゴリー」には必ず「専門家」と呼ばれる人たちがいます。例えば「税務」であれば「税理士」、「法律」であれば「弁護士」、「不動産仲介」であれば「不動産仲介業者」です。

㉘安定経営のために必要なことは？

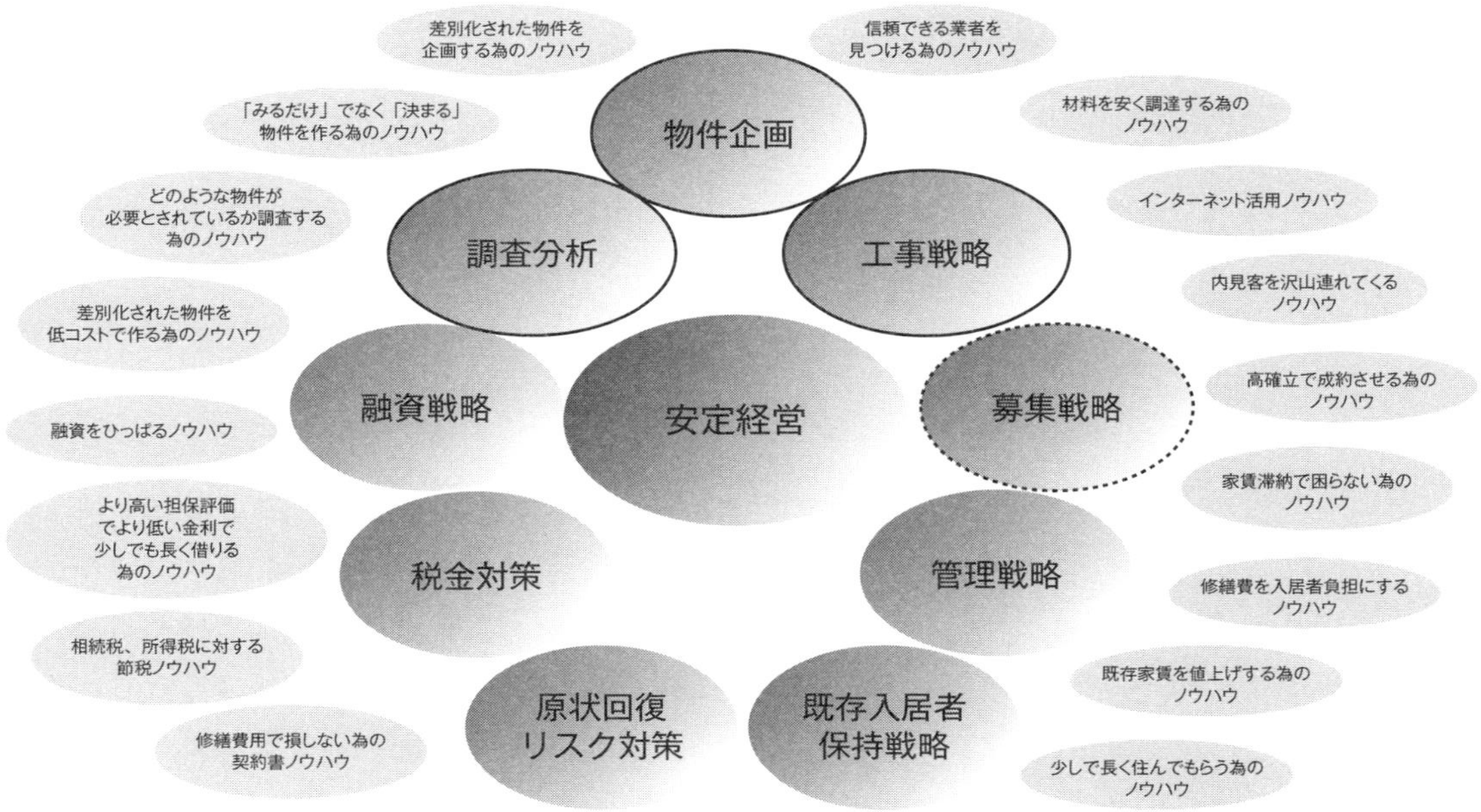
差別化された物件を
企画する為のノウハウ
信頼できる業者を
見つける為のノウハウ
「みるだけ」でなく「決まる」
物件を作る為のノウハウ
物件企画
材料を安く調達する為の
ノウハウ
どのような物件が
必要とされているか調査する
為のノウハウ
調査分析
工事戦略
インターネット活用ノウハウ
内見客を沢山連れてくる
ノウハウ
差別化された物件を
低コストで作る為のノウハウ
融資戦略
安定経営
募集戦略
高確立で成約させる為の
ノウハウ
融資をひっぱるノウハウ
家賃滞納で困らない為の
ノウハウ
より高い担保評価
でより低い金利で
少しでも長く借りる
為のノウハウ
税金対策
管理戦略
修繕費を入居者負担にする
ノウハウ
相続税、所得税に対する
節税ノウハウ
既存家賃を値上げする為の
ノウハウ
原状回復
リスク対策
既存入居者
保持戦略
修繕費用で損しない為の
契約書ノウハウ
少しで長く住んでもらう為の
ノウハウ

物事を横断的に見る力が必要!

しかし、あなたが「利益を残すために知るべきこと」は、**彼らは「各分野の業務のプロ」であったとしても、「大家の利益を残すプロではない」**ということです。

例えば「税理士」は適切な「税務処理のプロ」ですが、決して税務調査では大家の利益のために戦ってくれません。なぜならば「税務調査」で大家の利益のために国税局と戦って、もし国税局に目をつけられたならば、本業である他のクライアントを含めた税務処理や申告決算に支障をきたしてしまうリスクがあるからです。

一見「税務のプロの先生に頼めば安心」と思いがちですが、「大家の利益を残すプロではない」ということをまずもって知るべきです。それらの業界実態を知りその実態を鑑みた上で、あなたは対策を学べば良いのです。

そして何よりも必要なことは「実践」です。巷のノウハウでは不十分、また、仮に業界に鋭く食い込み、効果的なノウハウを知ったとしても、そのノウハウひとつひとつに「できない理由」を言って何も動かない方もおられます。それでは残念ながら何も変わりません。常に前向きに、勉強する姿勢をもって、「吸収したノウハウを確実に実践していくこと」で、あなたの賃貸経営が全く違ったものに変わるでしょう。

また、「投資」か「経営」かでも変わりますが、もし投資をビジネスとしてやっていくなら、大家はオーナーであるわけですから、全体を見渡し、最適に「プロにアウトソーシングするかどうか」も含めて考えていくべきでしょう。

最後に、

「修繕」を制する者は「収益」を制する。

激動の競争を勝ち抜くためには、今すぐ行動あるのみなのです。

第5章

これからの不動産投資、賃貸経営　生き残り戦略とは？

●下りのエスカレーターと上りのエスカレーター

本書をここまでお読み頂いた皆さんは、不動産投資を取り巻くこれらの状況を鑑みても、本気で「不動産投資をやろう」と思いますか？

【あなた】「もちろんです！　だからここまで「リフォームコスト削減ノウハウ」を学ぶために読み進んできたんじゃないですか！」

私の質問に対して、「何を今さら……」といった答えが返ってくるかもしれません。でも、実は私は、「不動産投資を安易に推奨すること」は絶対反対です。それは本書の前段で解説した「大家をとりまく業者の実態」や、「コスト削減プロセス」の中で見え隠れする「工事業者の思考実態」から、何も考えず、「腰掛け程度の気持ち」のまま、「買えば儲かる」という安易な考えで不動産投資に取り組んだとしても、決して利益はでないからです。

【あなた】「巷にゼロから1年で家賃収入５０００万とかいうノウハウ本がたくさんあるじゃないですか？　ネットを通じて不動産業者も、不動産投資で自分がリタイアしたノウハウを無料で配布して、あなたも高利回り不動産投資でアーリーリタイアメントしましょう、と一生懸命不動産投資を推奨してますよ。」

という声が聞こえてきそうです。

しかし、巷にある話やノウハウ本には、「入退去のたびに発生するリフォーム工事費用」の詳細や、10年単位で確実に発生する外壁塗装防水工事等の「大規模修繕工事」に関する費用負担の「詳細」、さらに、実際にそれらの費用負担が「中長期的な手残り」に「どのくらいの影響を及ぼすか」といった「ディティール」が完全に欠落しています。

そもそも人口が減少している市場環境の中、よくよく深掘りをしてみれば、不動産投資における業界実態が見えてくるのです。調べてみると、大家や投資家の真の味方など既存の業者のなかには皆無、だから自分で勉強しここまできた、これが私の実際の正直な気持ちです。

しかし、「年収300万円以下」がサラリーマンの4割を占める時代、勤め先の収入だけでは決して明るい未来は待っていません。何らかの投資活動、マルチインカム化への取り組みをしなくてはいけない時代であることは間違いありません。では何をすれば良いのか?

その回答は残念ながら、その方の人生戦略や投資戦略、いくらリスクを取れる自己資金があり、どこまで時間を使えるか、また好き嫌い、合う合わない等がありますので、「何が一番いい」とは一概に言えません。しかし、間違いなく言えることは、

「どうせ乗るなら、下りのエスカレーターではなく、上りのエスカレーターに乗ること」

です。

昨年、私は13回海外へ渡航しました。その理由は、「分散投資戦略上、上りのエスカレーターに乗る」ため、即ち、「人口が増加している地域」で、何らかの「投資活動を検討する」ためです。「人口＝消費」、衣食住、全ての消費において、「消費人口が増加すること」は安定し

た資産運用と拡大に必要不可欠な要因なのです。

非常に印象に残っている風景があります。それはシンガポールに行った時のことです。シンガポール川添いに造られたアミューズメントエリアで、若者たちが集まる人気エリアの「クラークキー」という、オシャレなバーやレストランが建ち並ぶ有名なスポットがあります。そこに飲みに行った時のこと、閉店が意外に早くて、夜11時くらいにはバーなどのナイトスポットがクローズしてしまうのです。

ところが、バーは閉店しているのですが、若者がそこかしこで地面に座り込んでお酒を飲んでいるのです。店が閉まっているのに足の踏み場がないくらいそこらじゅうで座り込んでお酒を飲んで語り合っている。この光景を見た時に私は「人口増加＝消費がいかに投資に重要なのか」を確信しました。

かたや、日本はどうでしょう。銀座、新宿、渋谷と、東京の繁華街はどこを見ても、かつての賑わいはありません。私が以前勤めていた会社がある六本木でも、夜遊びに来ている若者より客引きの方が多い感じがします。繁華街が1年で一番盛り上がる忘年会シーズンですら、それほど人が多く繰り出しているようには見えません。日本では夜、人が遊んでいないのです。いかに日本の景気が芳しくないのかを、考えさせられてしまいます。

日本は人口が減少しています。いくら内需拡大だの減税だの言っても、消費する人口が増えなければ決して景気回復等ありえないと私は考えています。シンガポールに限らず、タイやカンボジア、中国の上海、人口が増加している国や都市では、どこのナイトスポットも、とてつもない人で賑わっています。その経済成長を人口増加＝消費が下支えしているのです。

ある世界的に著名な投資家がこんなことを言っています。

「投資で成功するには3つのポイントがある。ひとつ目は、負けないことだ。ふたつ目は、ひとつ目を忘れないこと。みっつ目は、人口が増加している所で投資をすることだ」

「高齢化率」という言葉があります。人口に占める65歳以上の割合のことです。30年後に65歳以上の人口、即ち「高齢化率」が3割近くになる国として、中国やベトナムが挙げられていますが、例えばフィリピンはまだ10％程度未満だそうです。だからこそ今ＡＳＥＡＮに目を向けているのです。

人には、時間も自己資金も、そして投資に積極的に参画できる時期にも限りがあります。目標

いつまでにどのような経済的余裕と時間的余裕を構築したいのか？

現場現物を見定め、具体的戦略と施策を検討する時には、最終的に自分自身の目と体験、**現実の三現主義がその判断に効いてくる**のです。

重要なので再度言います。**日本国内における賃貸経営、不動産投資はこれからますます困難な状況になっていきます。**確実に、これまでの「やり方」や「考え」では、間違いなく立ちゆかなくなるでしょう。

「家賃収入５０００万円、自己資金ゼロで満額融資引っ張りました。これからもどんどん不動産投資をしていきます！」

こう豪語する方がいらっしゃったら、本当に危険です。

私は不動産投資における投資戦略上、２００５年の活動当初から築古物件で土地価格が大半の「積算価格重視」の投資戦略を取っていました。現在、家賃収入は１５００万円程度、経営規模も戸数で25戸、私の不動産における経営規模は、私が主宰する満室経営実践会（http://www.hcs2006.net/）で最も小さい経営規模です。しかし、この書籍を執筆している現時点ではこれ以上収益物件を買い進めるつもりはありません。大規模修繕コスト削減コンサル案件で、北は北海道、南は九州まで飛び回り、全国の賃貸市場の実態を肌で感じていますが、確実に、そしてジリジリと人口減少の余波は来ています。だから賃貸経営に関しての経営規模は大きくするつもりはありません。

私の生業は「部材をメーカーから直接調達する仕組み」を「削減効果の基盤」とした「大規模修繕コスト削減コンサル」です。年商150億円以上のゼネコンよりも、安くあらゆる部材を調達し、あらゆる規模の「リフォーム工事」「大規模修繕工事」「建築工事」のコストを、日本トップクラスで低コストに抑えることができる私ですら、「不動産投資はリスクが大きい」と感じ、自身の投資戦略において国内不動産投資は一定の規模で止めているのです。

物件は残念ながら確実に古くなります。新築物件の時に最高の家賃をつけて、確実に賃料は下落していきます。築年数を重ね、家賃下落をしていくにつれ、あなたを取り巻く仲介業者の態度が変わってくるのです。それに伴い、彼らに払う謝礼も高額になっていくでしょう。

物件は確実に年を取る。そして競争力がなくなっていくのです。そのうえ日本は、人口が減少の一途を辿る市場環境。そして製造業を基盤とした輸出に成長維持を頼る日本の経済構造では、リーマンショックやサブプライムショック以降、市場は冷え込んでいます。私が賃貸経営をする愛知県は、付加価値戦略による競争力のある物件で、従来「競合物件より2割高い家賃で成約」していたのが、これら世界経済の余波により「競合物件より1割高い家賃で成約」に下落しました。設備面だけでなくハード・ソフト両面で、やることは全てやったとしても確実に過剰供給による市場の賃料下落に引っ張られるのです。

少子高齢化時代に突入して久しいですが、利益を残し、繁栄し続ける勝ち組大家で居続ける為には、常に知識やノウハウに対して貪欲であり、頭をフルに使い、戦略を練って競合を意識した賃貸経営を営んでいかなければなりません。

また、日本では「税金の問題」があります。日本は世界的に見ても有名な重税国家です。利益が出た場合、かなりの率で税金で持っていかれてしまいます。目先の家賃収入に惹かれて気軽な気持ちで不動産投資の世界に飛び込めば、必ず泣きを見るのです。

「下りのエスカレーターではなく、上りのエスカレーターに乗る」

著名な投資家の言葉を紹介しましたが、物件単体、ましてや地方の不動産投資という括りで投資戦略を練っていては決してダメなのです。「木を見て森を見ず」ではなく「常に森を意識する」、投資戦略を俯瞰的に考えるのであれば、下りのエスカレーターだけではあまりにもハンデが大きすぎるということを理解する必要があります。

●「人口減少」と「過剰供給」の末路

私は2005年から、不動産投資で利益を残すためには「リフォームコスト」や「大規模修繕コスト」の削減が不可欠であるとのテーマで定期的にセミナーを開催しています。またその参加者の方からの相談で全国の賃貸物件のコスト削減コンサルティングを実践してきました。その仕事の中で地方にもよく出かけます。

先日、福岡である物件の募集図面を見て、一瞬目を疑いました。

福岡の天神という繁華街はご存知ですか？　間違いなく福岡では超一等地です。そこから徒歩7分、築15年、RC造タイル張り、25㎡の単身物件の賃料、あなたはいくらだと思いますか？

「7万円」
「6万5000円」
「5万5000円」

みなさん全員不正解です。

何と「家賃１万６５００円！」

ちょっと前まで、同様の物件はみなさんがご想像される程度の金額、「５〜６万円」していました。それがリーマンショック以降、ほんのわずかな期間で、４分の１もの価格に下落しているのです。その理由は、一言で言うと過剰供給による賃料価格の下落です。過剰供給による価格下落の要因として、ある九州発祥のデベロッパーが、何とサブリース物件の賃料３割引キャンペーンを実施しているのです。その市場価格の下落に引っ張られて損をするのは大家さんなのです。

福岡県福岡市の繁華街の例を出しましたが、これは全国どこにでも共通して言えることです。「人口減少と過剰供給の末路」が今、地方都市に着実に来ています。いつか必ず、自分が持っている不動産の所在エリアにも、「信じられないレベルにまで家賃を下げなくてはならない」という状況が必ずやってきます。

あなたは、本当にいいものを、安く提供できる力がありますか？　もし、その力がないのなら、潔く不動産投資から手を引いた方がいいでしょう。あるいは、決してこれ以上手を広げようとせず、今ある物件を自分が面倒の見切れる範囲まで規模を縮小し、うまく運用することに専念すべきです。

不動産投資で大きな利益を残し勝ち残っていくには、自ら勉強し、その学んだノウハウを自分の経営に落とし込み実践するしかありません。不動産業者や建築業者は、「10年、20年単位で数千万円もの費用がかかる大規模修繕が必要になる」ことや、「ここは不人気エリアなので、マンションを建築しても入居客付けに苦労する」等といったマイナス情報は決して教えてくれません。それを言ったらだれも不動産投資をしなくなるからです。

いくら大家さんが損をしても大家さんを取り巻く業者たちにとっては、大家さんがリスクを背負って建築した建物あっての仲介手数料、建物あっての定期的に発生する大規模修繕工事なのです。彼らのビジネスモデル、そして大家さんと業者の利益相反、その構図は、あくまで人口増加していた時代は、お互い「ＷＩＮ－ＷＩＮ」で成り立っていましたが、人口減少に伴う過剰供給下では決して成り立たないことを理解した上で賃貸経営に取り組むことが重要です。

●「地方都市」に学ぶ日本の将来像

私が本事例の区分所有物件の後に取り組んだ一棟物件は愛知県江南市にあります。愛知県江南市は、元来繊維産業で栄えた町です。繊維産業の工場がたくさんあり、その昔は地方から集団就職でやって来る若者もたくさんいました。日本が繊維産業の貿易で成り立っていたかつては非常に栄えていたのです。ところがグローバル化が進み、繊維産業、即ち、繊維工場の大部分が海外に出て行きました。海外で生産した方が人件費も安く、企業としての税金も抑えられるためです。「生産拠点」が海外に出てしまえば、そのエリアに存在した人口も減少します。

結果、かつて大勢の人でにぎわっていた商店街はどこも閑散としており、現在ではほとんどの商店がシャッターを閉じたままの、いわゆる「シャッター商店街」になっています。地元に働く場所がないので、若者はこのような郊外ではなく大都市圏へ出て行ってしまいます。日本の産業構造が変化したことにより生産拠点が移動した結果、ますます人口減少は加速することになるのです。そして日本は人口減少と出生率の低下による高齢者の加速度的増加という悲惨な状態になっていくのです。人口が減少すれば、町も、全てが連鎖的にすたれていくことになるのです。これは江南市に限らず、日本全国どの地方都市でも見られる現象です。

私はこの現象は、将来、日本一の大都市、東京でも起こり得ることだと思っています。海外に比べて、根本的な政治システムはもちろん、税金も高く、日本国内で生産拠点が増える要因がなく、産業自体が伸びる構造になっていません。最近頻繁に海外に行って強く思うことですが競合他国と比べて、完全に日本は出遅れています。日本は戦後、敗戦国から製造立国としてとてつもない成長を実現しましたが、完全に過去のものとなってしまったのです。

かつて製造立国日本として、自動車や家電製品で世界を席巻したのは過去のこと、今や香港に行っても、シンガポールへ行っても、中国やカンボジアに行っても飛行機を降りて入国したあとにデカデカと広告が出ているのはソニーでもシャープでもなく、サムスンやLGなのです。日本国内の重電メーカー5社の連結利益をサムスン1社の利益が大きく上回る時代。完全にグローバル競争に立ち遅れているということを肌で感じる今、北海道や福岡、日本全国の地方都市で起こっている人口減少に伴う賃貸市場の縮小と過剰供給による空室率の加速度的増加に私は大きなリスクを感じずにはいられません。そのような意味でも不動産投資、賃貸経営に取り組むに当たっては、中長期的、俯瞰的に投資戦略を考えて取り組む必要があるのです。

●「首都圏信者」と「利回り信者」

私は、一般財団法人日本不動産コミュニティーが主宰する賃貸経営実務検定（通称大家検定

http://www.ooyakentei.com/）の教科書の中で「リフォーム、リノベーション」の単元を執筆しています。また愛知県名古屋市内を管轄する名古屋第1支部の事務局を私の会社が担当している関係上、毎月一度、大家検定講座を名古屋で開催しています。そのため、多くの地主系大家さんや「これから不動産投資をしたい」という受講生の方とお会いしますが、確実に言えるのは「不動産投資をこれからやりたい」という方が非常に増加していることです。そのような方からこのような質問を頂きます。

【受講生】「先生、不動産投資をするにあたり、首都圏じゃないと、駄目ですよね？」
【私】「どうしてですか？」
【受講生】「やはり首都圏は人口が増加傾向ですよね？　その分、需要も多いのではないですか？」

また、このような質問もあります。

【受講生】「先生、地方都市の物件で積算価格がしっかりあり、最低でも利回り15％以上の物件でないとだめですよね？」

【私】　「どうしてですか？」

【受講生】「書店等で手に入る不動産投資関連の書籍にそのように記載があったからです。」

私が不動産投資を始めた2005年に比べ、格段に多くの不動産投資関連書籍が書店に流通するようになりました。これは不動産投資が完全に一般化した証だと思います。しかしその結果、不動産投資に憧れ、市販の書籍を読み漁るのみで、その表面的な知識だけで投資に参入しようという方が後を絶ちません。

先程の質問に対しての回答は、「物件やその投資をされる方の投資戦略等、個々の事情による」が正しい回答になります。

なぜならば、首都圏は確かに人口が増加傾向にあります。しかし首都圏でも目黒、世田谷等の「城南エリア」と呼ばれる高級住宅地と、荒川や江東等の「城東エリア」では全くその事情は変わります。さらに「超一等地ならいいだろう」と考える方も非常に多いですが、超一等地は当然のことながら競合物件の数やレベルも半端なく、非常に競争も激しいのです。そのため、一概に「人口増加している首都圏がいい」とは言い切れません。

また「地方都市の物件で積算価格がしっかりあり、最低でも利回り15%以上の物件」を買うべきという内容を鵜呑みにするのも非常に危険です。というのは、なぜ「利回り15%」と比較的高い利回りで売られているかというと、その理由があるからです。その理由は「利回り15％以上の価格でないと売れないから」です。

「売れない理由」とは、地方都市の、さらに郊外で、例えば公共交通機関がなかったり、駅からバス便だったり、また物件自体の「間取り」が1室16・5㎡、風呂トイレが一体型であるなど、現在の入居者ニーズには合致しないような不人気な間取りであったりと、必ず不動産の価格が決まる際に「利回り15％」の理由が存在するのです。

実は「投資」とは非常にシンプルな2つの概念で説明が付きます。それは「元本毀損リスク」と「収益低下リスク」です。

すべての投資はこの「元本毀損リスク」と「収益低下リスク」で価格形成されています。例えば「東京都世田谷区三軒茶屋」。渋谷にも程近いこの街は毎年「住みたい街ランキング」の上位に位置する非常に人気のある街です。

先日、三軒茶屋徒歩3分、物件価格6億円、利回り2％という物件がありました。通常「利回り2％」の物件を見て「誰が買うの？」と思う方が大半だと思います。しかしその物件はすぐに買い手がつきました。「6億円」という大きなロットで「利回り2％」という「低い利回り」でもすぐに売れたのです。

その理由は、「三軒茶屋徒歩3分」という立地は、「今後も不動産価格が下がる可能性が低い」と購入者から判断されたからです。不動産価格が下落する可能性が低い、もしくは上がる可能性がある、即ち「元本毀損リスクが低い」と判断されたから「利回り2％」という低い利回りでも売れたのです。

一方の地方都市物件ですが、地方都市は前述したとおり人口が減少傾向にあります。また地価が確実に下落傾向にあります。様々なリスク要因から不動産価格自体が購入時点よりも下落するリスクが高いのです。即ち「元本毀損のリスク」が高いため、「高利回り」をつけなくては売れないのです。投資をする際には、必ずこの**「元本毀損リスク」と「収益低下リスク」が「トレードオフの関係」にあって価格形成されている**ことを理解した上で取り組む必要があります（図㉙）。

巷の不動産投資関連書籍でこの概念に触れている書籍は、私は見たことがありません。ほとんどの書籍は「どうやって購入したか？」「どうやって何億円もの借入れを引っ張って元手を限りなく少なく家賃収入何千万円を作ったか？」というような著者の体験談的なものばかりです。そのような「買うための手法」ではなく、不動産投資において参入当初に最も重要な考え方は、**「収益低下リスク」と「元本毀損リスク」のトレードオフによる「価格形成の根拠」**と「投資の本質」を理解した上での「投資戦略」にあるのです。

㉙「投資」の「本質」とは？

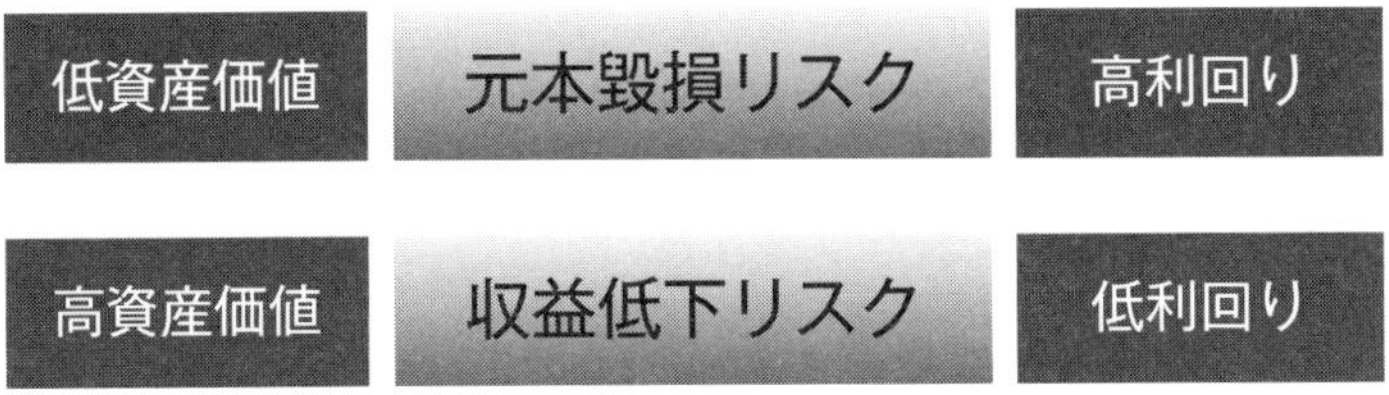

全ての投資は上記が トレードオフ の関係にある！

上記を理解せねば「良い投資」は絶対にできない！

例えば、地方都市の大きなキャッシュフローが稼げる物件で10年保有し、売却時に必ず発生する元本毀損を織り込んだ上で自己資金を充実させ、徐々に都心の不動産へ組み替えていくという戦略が適している方もいますし、また、一方で初めからある程度の自己資金を投入し、ある程度のキャッシュフローといつでも換金できる流動性、他人資本を活用した一等地での永代における資産作りをする方が適している方もおられます。即ち、**その人その人により資産背景が違い、また投資のフェーズも違います。**そのために、戦い方も戦略も全くもって違うということなのです。

ただひとつ間違いなく言えるのは、不動産投資、賃貸経営は**新築時に家賃、即ち、売上が一番高く、**確実に築年数を経るに従い下落していくということ、そして定期的に必ず発生する**「大規模修繕工事」や退去ごとの「リフォーム工事」が「賃料収入の割に高額である」**ということです。不動産投資は大きな借入れを伴い、また下手をすれば破産する非常に大きな事業です。これらを理解して俯瞰的に勉強し、取り組む必要があります。

●「資産家税」に「消費者保護」、そして〝破綻寸前国家〟の行く末

現在、賃貸経営や新築建築コスト削減、大規模修繕コスト削減に関するコンサルを生業としている私ですが、ある日妻にこう言われました。

【妻】「あなたは別に不動産が好きなわけじゃないわよね。」

私が不動産投資を始めたのは27歳の頃です。当時勤め先で世界を代表する製造大手企業へ対して業務プロセス改善のための購買システム提案に熱中していた私は、その業界変遷のスピードと熾烈なグローバル競争を目の当たりにします。「消費の中心が海外で、日本の人口が増加しないのであれば勤め先の成長、即ち収入は確実に先細る」と読んでいた私は、何らかの形で、

熱中するサラリーマン業には支障なく、「収入の安定化を実現すること」が必要だと考えていました。実はそのためには、いくつかの選択肢がありました。

投資の代名詞といえば「株」「為替」「不動産」。これらの投資はもはや安定とは縁遠い現代のサラリーマンにおける収入安定化のための具体的施策として有名です。

そこでなぜ不動産に参入したのか？　その理由をお話ししましょう。その理由は決して「不動産」が好きだったからではありません。

私は現在でも不動産は好きではありません。なぜならば前章でお伝えしたとおりの業界、私が長年身をおいていた情報通信業界、法人向けコンサル業界ではありえない「ビジネスリテラシー」だからです。しかし「なぜ私が収入安定化の為に不動産投資に参入したのか？」。結論から申し上げますと、それは「勝算」にありました。

株や為替取引はもはや説明が不要なくらい一般的な投資として知られていますが、その競争相手は「機関投資家」です。機関投資家とはその投資を生業としているプロのことです。24時間、３６５日、ほぼ休みなく世界中の市場に目を光らせ、何百億、何千億という資金を運用しているプロです。株や為替はそのようなプロが競争相手になります。一介のサラリーマンが、24時間、ほぼ休みなく市場に目を光らせ、彼ら機関投資家と腹の探り合いをやって勝てると思いますか？　私は勝てないと思いました。

また私は前述したとおり、当時勤め先の仕事の面白さにのめり込み、非常に熱中し、収入の安定化の必要性を感じてはいたものの、その会社を辞めるつもりはありませんでした。

株や為替が四六時中市場から目が離せない一方で、不動産は、購入するまでは参入障壁は高いですが、一旦参入すれば、競争相手は「半径５００ｍ以内の物件の大家さん」です。また元来大家さんという業種は、「隠居の仕事」とも言われています。即ち、競合大家さんは「おじいちゃんおばあちゃん」が多いのです。その「おじいちゃんおばあちゃん大家さん」から「一歩リード」すれば良いのです。また株や為替のように四六時中相場を見張る必要もありません。私が不動産投資に参入した理由は、競合が株やＦＸに比較してそこまで強くなく、また当時熱中していた本業も続けながら取り組めるという考えからでした。

妻が指摘したように、私は不動産を好きだったわけでも、元来関心があったわけでもありません。収入安定化の為の具体的施策として勝算があるかどうかを多角的に検討した結果、勝てる可能性が高い不動産を選んだに過ぎません。

本書をお読み頂いている読者の方々は、すでにお分かりだと思いますが、不動産投資は、楽して利益が出る簡単な商売ではありません。楽して儲かる商売ではないのです。

物件購入に際し自己資金も必要ですし、その何倍もの借入リスクを取る必要もあります。また経営として続ける以上「リフォーム工事」は必ず発生します。また5年10年単位で「大規模修繕工事」も確実に発生し、困ったことに「工事」という業界が非常に不透明な業界で、素人であれば「何がいくらが妥当なのか」が判断がつかないのです。さらに入居者を募集するのにもお金が掛かります。このようなあらゆる努力の上にやっと利益が残ったとしても日本ではとてつもない税金が待ち構えています。

日本は「累進課税制度」というシステムの上に成り立っています。いわば「税金を取れる所からがっちり取る国」なのです。あらゆるリスクをコントロールし、やっと利益が残ったとしても、残った利益に対して「個人」であれば「所得税」、法人であれば「法人税」、そして市県民税などがかかります。その最高税率は色々な税負担全て合わせてざっと個人の場合「最大約50％」、法人の場合でも「最大40％」というとてつもない割合です（四捨五入しています）。

また心血注いで苦労してやっと大きな資産を不動産投資で構築したとしても、人はいつか必ず亡くなります。個人名義の場合、構築した資産に対して「相続税」が掛かってきます。一般的に相続税は5000万円の基礎控除に加え、法定相続人1人に対して1000万円ずつの控除があり、一般的な方には相続税はほとんどかからないケースが多いそうですが、不動産投資は最低5000万～1億円、場合によって1棟2億～3億円規模ですので確実に「相続税」はかかります。（平成25年に税制が大幅に改正され、基礎控除3000万＋法定相続人1人あたり600万ずつの控除と、さらに厳しくなったようです。適用は平成27年から。）

相続税は皆さんあまり馴染みがないかもしれませんが「資産家は3代にわたり税負担で資産がゼロになる」という話は有名です。「累進課税制度」、「相続税」により資産がある富裕層になるほど重い課税をすることで、日本では「富の再分配」が確実に機能し、経済的、また物質的に一億総中流階級を実現し継続運用してきたのです。

また「不動産投資は減価償却が取れる」「金利や手数料は経費算入できる」といって「税負担」を軽視し「拡大戦略」を取る方もおられますが、前提として不動産を持ち続け、かつ購入し続けなくては、そのロジックは成り立ちません。「持ち続けなくてはいけない理由」は、不動産を売却する時に、過去に毎年経費算入した減価償却分もトータルで利益算入となり、結局過去にさかのぼり税負担が発生するからです。

また「買い続けなくてはいけない理由」は、不動産投資における算入できる経費の大部分は購入時が最も大きいためです。裏を返せば「大きな経費」は購入する時にしか発生しないので、税負担を軽減するために毎年買い続ける必要が出てきます。必ず発生する「大規模修繕コスト」は「減価償却」が前提となり、また入退去で発生する「リフォーム工事」は不動産投資に関しての「修繕費」で経費化できますが、そもそもその「コスト」が大きければ利益が出ませんし、うまく低コストに抑えたとしても大きな税負担が待っているのです。

「不動産を持ち続ける」「毎年購入し続ける」ということはどれだけのリスクがあるのか？「不動産を持ち続ける場合」、流行の「地方都市高利回り高積算」では前述したとおり、「人口減少」による「過疎化」に伴う「不動産の無価値化」が大きなリスクとなります。また「買い続ける場合」も、管理戸数が大きくなればなるほど、経営規模が大きくなり、大規模修繕コストや原状回復に伴うリフォームコストも大きくなり、事業全体のコントロールが難しくなります。いわば大きな船を操縦することにより舵が急に切れなくなるのです。

ましてや、今は「消費者保護」の時代。退去に伴う敷金返還や、原状回復費用の大家負担が当たり前の時代となり、元来消費者である入居者は強く法律により守られ、さらに過剰供給の賃貸市場では完全なる買い手市場のため、中途半端な賃貸物件では確実に賃料値下げ要求により安く買い叩かれます。

これらの状況や実態をしっかり知った上で、不動産投資を検討していくことが重要なのです。戦略を立てるためには周りを取り巻く状況を的確に把握すること、そして税負担のルールや実態と市場環境を鑑みた上で賢くお金を回していかなくてはなりません。

最近の私は、海外の不動産や金融投資、事業投資を含めた海外投資にも力を入れています。海外と日本を比較した結果、様々な条件から、海外投資は資産構築戦略上必要不可欠だと判断したからです。もはや、人口減少傾向がこれから加速する日本では事業や投資で利益を出すことは難易度が高い。しかし一度海外に出れば、人口増加に下支えされた堅実な成長があります。

先日中国の上海に行った時の話です。上海に中山公園という地下鉄の駅があり、その近くの交差点付近、半径50m圏内にスターバックスコーヒーが4店舗あります。しかも驚くことにその4店舗とも全て長蛇の列なのです。この光景を見た時に、人口こそが消費であり成長の原動力であると、あらためて確信しました。

また国家戦略の下に法人税が「16・５％」などと、日本に比べて明らかに低い国もあります。さらには短期、長期、投資対象も様々ですが不動産投資に限らず、普通に「年間利回り30％以上」の案件がゴロゴロしている国もいくつもあるのです。

私の友人には企業をいくつも経営し、連結売上10億円、個人年収１億円というような起業家も大勢います。また私のクライアントは経営者や医師の方も多いですが、東日本大震災以降、皆シンガポールやマレーシアにこぞって移住しています。富裕層が確実に日本の富の再分配システムを嫌って、その資産ごと海外へ脱出しているのです。人口減少、重い税負担、グローバル化が進み海外へ出ることへの抵抗感がますますなくなる中、資産家の海外脱出はさらに加速することになるでしょう。

●「良い物件」を買えば成功するという〝幻想〟

「良い物件を購入」することこそが不動産投資で成功するための絶対法則

巷の書籍でありそうなフレーズです。しかし「良い物件」を購入するだけではあなたの不動産投資は絶対に成功しません。不動産投資を始めたい方や始めたばかりの方は、得てして「物件を購入するためのノウハウ」ばかりにしか目が行きません。また「どのような物件を購入すればいいのか」という疑問に対しては、「高利回り」「駅近」「築浅」「高積算」（融資が満額に近く出る）と、「理想の条件」を上げればキリがありません。しかし不動産投資を決意して何年も何年も購入できない人がいます。私のクライアントにも勉強しだして6年目にしてやっと買えたという方がおられます。

なぜ不動産がなかなか買えないのか？　また購入できたとしても思ったよりもリスクの割に手残りが少ない、また実際にやってみて、年々、築年数を経るに従い家賃下落が顕著になり、今後の先行きが不安だという方も大勢おられます。うまくいかない理由には実は共通点があります。それは本書の前半にも述べましたが、**あなたご自身の「投資戦略」が明確ではない**のです。何をもって良い物件というのか？　巷の書籍に記載されている基準はあくまでその著者の成功事例です。その著者の成功事例が全ての読者に当てはまるとは限らないのです。私は多くの大家さんと面談をする中で強くそれを感じます。良い物件とはなにか？　単に利回りがいいだけの物件とは限りません。「利回りがいい物件には、必ずその利回りがつく理由がある」のです。

市場価格というものは非常に正直です。この利回りをつけなくては売れない物件、即ち、必ずどこか欠点がある、だから価格が安く利回りが高いのです。その欠点を購入者自身がリスクコントロールして高利回りに運用するという戦略もありますが、それを実践するためには莫大な労力と勉強が必要です。当然不人気エリアだったりもしますから、いざ出口をとるために売却したいと考えた時大きく不利になったりもします。「キャッシュフロー」はよいが物件そのものの「資産価値」がなかったりするのです。また一方で、「利回り」は低いですが「資産価値」が高い人気エリアの物件は空室もなく、入居者属性も良いなど、手間がかからなかったりします。

その購入資金の多くを借入で賄う戦略の場合は、人気エリアのため、売却しやすく、その時点での自己資金に対するリターンは非常に手堅く大きなものになったりします。肝心なことは「人により良い物件は全く違うということを知る必要がある」のです。即ち、その人ごとの**投資戦略により、良い物件は違ってくる、**だからこそ物件がどうのこうの言う前に、各個人の**「投資戦略」をしっかりと練る**必要があります。

「良い物件を買えば成功する」というのは幻想です。全てはあなたの投資戦略を練ることから始めましょう。

●「知識格差」と「収益格差」の意味を今一度考える

日本は「人口増加」に下支えされた「経済成長」による「一億総中流階級時代」を経て、現在は「人口減少」による「経済衰退」と、確実な「格差社会」になってきています。情報化社会と言われて久しい昨今、その格差は物質的な格差だけでなく「知識」や「ノウハウ」を含んだ「目に見えない格差」にまで確実に広がっています。「知識格差」、特に「不動産投資」における「知識格差」は、人口減少下における過剰供給による空室率が飛躍的に上昇しつつある現在、非常に大きいものとなっています。さらに危険なことに、不動産投資においての「知識格差」は、最終的な「手残り収益」に直結し、1件1件の取引金額が非常に高額な不動産投資においては、とてつもなく高額な差となって経営に大きな影響を及ぼすのです。

例えば「全く無知で勉強もしたことがない大家さん」と、「常に情報にアンテナを張り、足繁くセミナーにも遠方から参加する大家さん」、この両者の間には圧倒的な「知識格差」が存在します。その**「知識格差」、即ち「知っているか知らないか」が、実は不動産投資においては、最終的な手残りの利益を大きく左右する**のです。

また、ブロードバンド化によりインターネットが完全に社会インフラとして一般化した今、非常に「大量の情報」が必要な時に必要なだけ簡単に取得できる時代になりました。その一方で、膨大な情報の中から「質の高い本物の情報」を選別する能力も非常に重要となり必要とされてきています。

私は27歳の時に巷によくある「サラリーマン大家」として競売不動産に参入しましたが、その区分所有物件を賃貸へ回す過程の中で体験した「建築業界の不透明感」から、賃貸経営で利益を残すためには「リフォーム工事」における「コストコントロール」が必要不可欠であると痛感し、２００５年暮れ頃、「大家さんの為の満室経営実践会®」（http://www.hcs2006.net/）を発起しました。

当初数名で始まったごく小さな会も、現在では賃料収入４億円、５億円というレベルの高い「本物の大家さん」が全国各地から定例セミナーに参加され、日本国内で最もレベルが高い大家さんの為の「情報提供型コミュニティ」として、現在その活動は早いもので8年目を迎えます。年４回の「定例セミナー」は、毎回、北は北海道、南は九州から、時には沖縄から賃貸経営の改善に熱心な大家さんが50名近く参加されています。驚くべきはその「リピート率」です。私の法人拠点である名古屋でセミナー開催していた時期は、なんと「リピート率」が驚異の「8割」、その後、２００8年に活動拠点を東京に移してからもなんと「5割」という圧倒的な「リピート率」です。

全国各地から家賃収入4億、5億円というレベルの大家さんが毎回集まる満室経営実践会のセミナーは、意識の高い大家さんが集い、毎回セミナーだけでなく懇親会でもハイレベルな情報交換がなされています。日本全国津々浦々、「不動産投資関連セミナー」は有料無料に関わらず非常に多く開催されていますが、複数棟経営者がこの「リピート率」で参加されるセミナーは他にはありません。満室経営実践会は知る人ぞ知る「日本一参加費用のハードルが高いセミナー」として有名ですが、プロの大家さんの「リピート率」も圧倒的に日本一。全てにおいて完全に二極化が進んだ今、このような状況も日本国内においての不動産投資における「知識格差」の表れと言えます。

また、満室経営実践会の会員の方のみに提供している「大規模修繕工事コスト削減コンサルティング」は、全国から参加される「大規模修繕工事」や「新築建築工事」の「コスト削減」にお困りの大家さんで「順番待ち」の状況が長年続いています。これは、それだけ「大規模修繕工事」や新築建築工事が不透明で素人大家さんでは判断がつかないということを明確に示しているといえるでしょう。

「知識格差」による「アウトプット」の結果が最もわかりやすい事例は、私自身の現在の状況です。現在私が所有する企業群は、「賃貸管理会社」「大家向けＩＴサービス会社」「不動産仲介会社」「海外投資会社」等、国内グループ企業全６社になりますが、たった１室の「区分所有」から始まった賃貸経営、また、その時直面した「建築業界の不透明感」から始まった「コスト削減」への取り組みと探究心、研究解析、そしてそのノウハウを体系化した「セミナー」「勉強会活動」が派生し、現在では「真の大家の利益を提供するための企業群」を形成しています。

実は、これらの企業群は全て、**私の賃貸経営上、「大家として利益を残すのに必要だったために設立された企業群」**です。事業会社ではあるものの一般的な仲介業者や管理業者とは大きく違い、「真の大家の利益を追求すること」がミッションのため、広く世の中に向けた営業活動は一切していません。あくまで満室経営実践会の会員のため、その中でも、「ごく限られた本当にお困りの一部の方々」に価値提供するために設立した企業群となります。まさに大家が利益を残すためのフルラインナップ企業群とソリューション群ですが、これだけの企業群とソリューションを元来不動産業界、建築業界の人間ではない私が短期間に構築できた秘訣はまさに「自己投資」の一言に尽きます。

２００５年当時、不動産投資ブームが始まりかけた頃、私と同じタイミングで不動産投資に参入した方々は非常に多いと思います。しかし、私とその他の方々とは何が違ったのか？それはまさに不動産に投資をする前に「自分に投資した金額」とその「活動量」が違います。即ち「自己投資」の「質」と「量」を意識し、積極的に実践、自らに「不足する知識」をスピード感を持って入手、そして入手したその「知識」や「ノウハウ」を、実際に自らの賃貸経営へ実践したことこそが最も大きな理由に他なりません。

２００５年当時、私はライブセミナーやノウハウＤＶＤセミナー等、年間１００万〜１５０万円近い自己投資をしていたと記憶しています。このちょっとした活動の差が、「時間軸にしっかり乗ること」により、非常に大きな差になり得るのです。特にこの不動産投資の領域では時間が経てば経つほど、その差は大きくなり、「知識」や「ノウハウ」の蓄積が「加速度的」にその収益の差に表れて大きくなるのです。**即ち「知識格差」と「収益格差」は、実は「表」と「裏」、全く「一体のもの」**という真実をあなたは知る必要があるのです。

特に不動産投資、賃貸経営の業界は、その「業界人」、即ちプロと呼ばれる人々でさえ、ひとつの事象に対しての深掘りをすることなく、国家戦略や規制に守られて来た側面を持つため、他の業種に比べれば比較的簡単に利益を稼ぐことができる業界です。（業者が儲かるということは、裏を返せば大家さんが損をするということです。）　そのため、私のような全く違う業種から業界を俯瞰的に分析し、さらにはその事業構造や思考実態を暴いていくことがコスト削減に非常に大きく役立つのです。

不動産投資に限らず、事業で手堅く安定的に成功するためには、**いかに「俯瞰的な視点」から、「自分に必要な知識」を把握し、それを身につけ、実際に実践し、自らのノウハウとして昇華した上で継続して実践展開するか**が事業成功のための大きなカギとなります。そのため、自らが賃貸経営で利益を残すために必要な「知識」や「ノウハウ」を「自己投資」により「スピーディーに自らのものにしていくこと」が重要となるのです。

重要なので何度も言いますが、特に「不動産投資」においては、「物件企画」「調査分析」「管理戦略」「部材調達戦略」「税金対策」「テナントリテンション」「仲介業者戦略」等々、全く違う分野、カテゴリーの、あらゆる知識が必要となってきます。これらのどこかが欠けても、必ずそこから利益が漏れ出してしまう、これが不動産投資です。即ち、不動産投資でしっかりと利益を残していくためには、「**物事を横断的にみること**」が最も重要な視点となります。そのため、各カテゴリーの**「専門的知識」は、積極的に「自己投資」の上で入手していく**必要があるのです。

しかしながら、あなたが「自己投資」をしていく上で事前に必ず「知っておくべき重要なこと」があります。それは「ノウハウのレベルは金額に比例する」ということです。本書をお読みいただいている読者の中には「セミナーは無料でいいだろう。」「そんなものにお金が払えるか！」と思っている方がいらっしゃるかもしれませんが、そのような方は非常に危険です。「無料セミナー」には必ず「バックエンド」と呼ばれる「営業商品」が存在します。

例えば不動産業者が主催している「不動産投資セミナー」の場合、そもそも購入者が儲からない「不動産」を買うことがあたかも素晴らしいかのような内容の構成になっており「不動産投資に見識がある方」は絶対に買わないような「ババ」を掴まされたりします。また建築会社やハウスメーカーが主催の「土地活用賃貸経営セミナー」の場合は、あたかもその会社の建てる建物が最高のような構成になっており、バカ高い建築請負を交わすことが正しいと勘違いしたりする等です。

そのような「無料セミナー」はそもそも業者が商品を売るためのセミナーなので、あなたが資産形成を実現したり利益を残すためのノウハウというものは、ほぼ皆無に等しいでしょう。

一方で「参加費用が高いセミナー」は、その「ノウハウ自体を販売」しているため、バックエンドが存在しません。「ノウハウ単体」で値段をつけているため、そのレベルや「質」、そして「量」も違うはずです。あなたは「無料～数千円のノウハウ」は「無料～数千円程度の価値」の中身、一方の「数万～数十万円のノウハウ」は、その金額がつく理由があるということを自己投資をする際に事前に知る必要があります。

ただし「高額な金額」がついていても、必ずその中身が「本物かどうか」を判断する必要があります。その一つのポイントとして、そのような**セミナーが「長らく続いているかどうか」が一つのポイント**となるでしょう。高額の有料セミナーにもかかわらず長らく続いているには必ず理由があるのです。また、セミナーを開催している団体では「**過去のセミナーの様子」をサイト等で公表**しているところもあります。特に注目したいのは**実際に参加された方の声、また参加者の方々の「セミナー評価金額」を「直筆」のもので公開しているかどうか等**はそのセミナーのレベル、ノウハウの「質」や「量」を参加する前に判断する非常に有効なポイントとなります。

あなたが自己投資をする際に本物のノウハウかどうかを判断するためのポイントを以下に整理します。

▼賃貸経営で利益を残すために必要なノウハウかどうか？
▼そのセミナーは長年続いているものかどうか？
▼過去のセミナーの様子が写真付きで公開されているかどうか？（多いほどよい）
▼過去のセミナー参加者の声が直筆で公開されているかどうか？（多いほどよい）
▼過去のセミナー参加者が評価したそのセミナー評価金額が直筆で公開されているかどうか？
（評価金額が高額でかつ多いほどよい）

以上の点に注意してそのセミナーで公開されているノウハウが本物かどうかを判断しましょう。またそのセミナーは最終的にあなた自身の投資の役に立つかどうかは参加してみなければわかりません。しかしそのセミナー講師のプレゼンを直接聞いてみることでその先生が本物か、切れ者かどうかもわかるはずです。

不動産投資が一般化した今、日本全国で非常に多くのセミナーや勉強会、大家の会が開催されています。まずは有料無料にかかわらず、ぜひ積極的に参加してみてください。数をこなせばこなすほど、そのセミナーが営業目的なのか、本当にノウハウを提供しようと思って行われているのかどうか、またそのノウハウが本物かどうかの目が養われていくでしょう。そしてそのノウハウを提供する人、即ち講師を見る目が養われていくでしょう。莫大な情報が氾濫する世の中で本物のノウハウを見抜く眼力、これもまた不動産投資で利益を残すために必要な能力のひとつです。

●全てが二極化する今、あなたは何をするべきか？

情報化社会が進んだ現代は、完全なる「二極化」の時代です。不動産業界の市場実態で例えるならば、高い家賃でも「コンセプト」と「ターゲット」が明確な物件は早く埋まり、また一方で「コンセプト」もなく「ターゲット」が明確でない何の変哲もない物件は、いくら賃料が安くても埋まりません。「何のこだわりもない中途半端な物件」は、もはや簡単に埋まる時代ではないのです。何も考えず、その他大勢と同じものを大量生産しても売れる時代、即ち「人口増加により消費が下支えされた高度経済成長期」はもう終わったのです。

消費、情報、知識、ノウハウ、全てが二極化する今、私たちは今何をするべきか？　賃貸経営、即ち「事業」で利益を残し勝ち続けていくためには、自分自身が持ち得ない知識を戦略的に身につけ、顕実に賢く立ち回らなくてはなりません。

現在、私は大家さんを対象にした満室経営実践会セミナーを東京で開催しています。1回の参加費が最低5万2500円、高いものだと10万5000円というセミナー、決して安い訳ではないこのセミナーに今、全国各地から大家さんの行列ができています。私が満室経営実践会の活動を始めた2005年、活動を開始した当時はハウスメーカーや収益不動産業者が主催する参加費用無料の「建てるためのセミナー」や「売るためのセミナー」がほとんどでした。「お金を払って勉強すること」自体が珍しい時代だったのです。

しかし確実に市場の空室率が加速度的に増加する中、不動産投資ブームに乗って地方の「高利回り物件」を連続して購入したものの、数年たって「数千万円単位」の「大規模修繕費用」がかかることが後で判明し、賃貸経営収支が逼迫し、お尻に火がついて満室経営実践会の門を叩く大家さんが年々目に見えて増加しています。

勉強、即ち「自己投資」にはお金が掛かります。また手間も時間も掛かります。遠方から参加するためには交通費も掛かります。しかし全てが二極化する今、あなたは不動産を購入する以前に自己投資の重要性を理解し、必要な知識やノウハウを取得しながら投資戦略を緻密に組み上げる必要があるのです。

第６章 アーリーリタイアメントの先に待つものとは？

●不動産投資でアーリーリタイアした人が持つ錯覚と誤算とは？

「不動産投資は熟考した上でしっかり勉強して参入すべき、買えば誰でも成功するような甘いものではない」と何度も書いてきましたが、その一方で、実はしっかりと本気で取り組めば、これほど「競争相手」が事業に熱心でなく無知なため、競争が緩やかで利益が出やすい事業はないとも私は思っています。低コストで競合物件より良い物件を作れば良いのですから。

新たに建築する際の「新築建築コスト」、10年に1回は必ず発生する「大規模修繕コスト」、入退去の都度発生する「原状回復コスト」等、賃貸経営を運営していく上で必ず発生するこれらコストを効果的に抑えることができれば、仕入れが安くなる訳ですから、当然のことながら家賃を競合物件より低く提供しても同じ利益が残ります。店子が物件を比較の上で居室を決定する賃貸経営においては、良い物を安く作ることさえできれば、比較的変動が少なく非常に安定した事業になり得るのです。

しかし、競争が比較的緩やかでポイントさえ押さえれば収入を比較的簡単に構築できる不動産投資ゆえに、短期間に集中して急激に物件を購入して事業を軌道に乗せた方のなかには、若くして「アーリーリタイアメント」をしてしまう方が珍しくありません。しかしその先に待つものは、残念ながら「社会性の欠如」です。

ここで言う「社会性の欠如」とは、初対面なのにもかかわらず「挨拶ができない」「敬語が使えない」「礼儀がない」ということです。

会社勤めをしていた時と一変して、ほとんど人と会わなくなり、毎日なんの緊張感もなく一日テレビを見て過ごす。私が出会った専業大家さんには、私とそんなに年齢が変わらないのに一日中家にこもりプレイステーションをしているという方もいらっしゃいました。世間と触れる機会が少ないのですから、社会性が失われていくことはある意味当然の結果でしょう。

しかし、不動産投資というのは、本書で一貫してお伝えしてきたように「事業経営」なのです。極端な言い方をすれば、滞在がロングスパンの「ホテル経営」をしているのと同じです。社会性が欠如した経営者が、人口減少に伴う過剰供給の市場で今後何十年とうまく賃貸経営を運営していくことができるでしょうか？　私はそうは思いません。

時代は非常に速いスピードで変化しています。常にアンテナを張り、自己鍛錬を心がけ、知識やノウハウを敏感に入手し、自身の賃貸経営を「事業経営」と自覚したうえで、そのノウハウを自らの経営に展開していかねばなりません。

不動産投資を通じて「アーリーリタイアメント」を実現したいと考えている私と同年代の若い世代の方々にぜひ知っておいて欲しいことは、「お金」とは、ただの「紙切れ」だということです。たくさん手に入れたからと言って、自動的に幸せがやってくるものではありません。

不動産投資、賃貸経営を通じてある程度の「経済的余裕」を構築すると、必ず「人生のフェーズ」が変わってきます。「人生のフェーズが変わる」とは、自身の「付き合う人のレベルが変化する」ということです。「経済的余裕」が出てくると、「時間的余裕」も出てきます。それに連動して「考え方」や「立ち居振舞い」「表情」もいい意味で変化してくるでしょう。しかしその余裕にかまけていると、その次の「フェーズ」に行くことはできません。そこ止まりになってしまうのです。

事業というものには残念ながら終わりはありません。決して忘れてはならないことは、賃貸経営は事業であり、不動産投資も一般的に新築時が最も賃料が高いということです。年々、築年数を重ねるごとに確実に収入は減少していきますから、その収入を維持拡大するためにあらゆる施策を打つ必要があるのです。従って経営者も継続した成長を求められるのです。

あなた自身が不動産投資によりある程度の経済的余裕を構築した時、その「フェーズごと」に出会う人々で、かつその中でも「成功している人たち」と交流し、様々なプラスの刺激や知識、ノウハウを得ていくためには、相手にとってもこちらが「知識」や「ノウハウ」、「エネルギー」を発信する「価値ある人間」でなくてはなりません。

経済的余裕を実現し、時間的余裕を作り出したからと言って一日中家にこもってプレステをしていたら、到底そうはなれません。自分も新たな「フェーズ」に向けて、自己鍛錬し勉強していかなくてはならないのです。

それこそ、社会人としての感覚、礼節、人と交流していく上でのバランス感覚等を含めて、「経済的余裕」と「時間的余裕」があればなおのこと、自己鍛錬をお勧めします。

●会社勤めで得られる給料以外の価値を知る

私が不動産投資に参入したきっかけは、社会人新人時代の経験にまでさかのぼります。

大学卒業後、就職した企業は、ある大手精密機器メーカーでした。三流大卒で家柄も普通の私には、当然コネも人脈もお金も全くありませんでした。

ところが会社の同期には、一流大学卒で、家柄もよく、名前を聞けば誰もが知っているような大手企業の役員の息子や娘が大勢いました。サラブレッドである彼らは、当然初任配属から恵まれた職場環境に配置されます。1案件の契約で数千万円の案件規模が当たり前の市場です。さすがサラブレッド、血筋が違います。

しかし、その一方で、私が配属されたのは、阪神地区の小都市で、大阪や神戸からの競合他社が入り乱れている日本国内でも有数の激戦区でした。激しい競争の中、小さな会社をコツコツ開拓し、ようやく契約に至っても、1案件で数十万円という案件規模。当時の上司が「新人の小林には少し荷が重いかな」、と心配してくれるほどの非常に厳しい市場でした。そもそもサラブレッドとは与えられた市場が違うのです。サラブレッドの同期たちは良い市場と超大手を担当し、どんどん昇進していく一方で私は……という状態でした。「社会人新人当時」は非常に悔しい思いをしたものです。

世の中に「公平」というものはありません。人がルールを決める以上、必ず不公平というものは存在するのです。しかし、私はそのような不遇の中でも他のメンバーの3倍業務をこなし一心不乱に仕事をした時のことを今でも鮮明に覚えています。その結果、力を付け、好成績を納めて社長賞や報奨旅行へも参加できるほどに成長しましたが、その時得たのが、「時間を味方につける法則」と「数と技術は比例する法則」です。（詳細は『凡人サラリーマンの逆襲』〈ごま書房新社〉参照。）

しかし、当時26歳。ふと思ったのが、「今は寝ずに人の3倍頑張って好成績を上げることができる。しかし若い今はいいけれど、年を取ってから今と同じようにできるのか？……」ということでした。

企業というものは経営ですから前述したとおり終わりがありません。当時営業職であった私に降りてくる目標値も、会社が「株主へ利益をコミット」するために毎年数値がうなぎ昇りで上がっていくのです。これもまた、はじめは不公平と思っていたのですが、そもそも「株式会社」の組成の生い立ちを調べてみると「株式会社」とは「株主」に1円でも多くの利益をもたらすためにあるのです。そのため、不公平もなにも勤め先で働いている以上、株主に利益をコミットするために心血注ぐことは当たり前であり、自分が思う「不公平」を解消するためには「株主になる」か、「自分でルールを作る」、即ち、「自ら事業を起こす」しかないのです。

当時の仕事は「死に物狂い」で頑張っても毎年目標値が上がるのでキリがありませんでした。しかも、そもそも、日本国内では人口が減少しているのですから国内における「価値提供」や「サービス」を消費するパイ自体が減少してきているにもかかわらず、「高度経済成長期並み」

の「成長率」を設定した「粗利目標値」が降りてきては達成すること自体が非常に困難なことは「火を見るより明らか」です。しかも、のたうちまわってなんとか目標を達成しても、勤め先においての営業活動は、当然ですが自分ひとりでやっている訳ではないので、その「新規獲得」した「利益」を、間接部門を含めた社員全員で分けるのです。

その原理を明確に理解した時、私は「自分自身に直接にリターンがある仕組み」を作ろう、自分自身のために頑張れる自分の世界を作ろう、と思い、結果的に不動産投資を始めるに至った次第です。そのようなサラリーマン新人時代の悔しい経験やその仕事を通じて培った「調査分析能力」「コミュニケーション能力」「プレゼンテーション能力」、そして「企画力」を全ての基盤とし、不動産投資に参入して最初の物件から本書の事例を通じて「利回り20％」を達成することができました。

その後、ビジネスが進化し、現在に至ります。私は現在36歳ですが、おかげさまで一定の「経済的余裕」と「時間的余裕」を構築することができました。しかし、ここで「アーリーリタイアメント」をするのか？　答えはノーです。私が選んだのは、サラリーマンで培ったスキルやノウハウ、ビジネスマンとしての資質や素養を基盤とし、「不動産経営」と同時に「事業経営」を展開するということでした。

事業を始めたのが２００５年、当時の年齢が27歳、２００７年に法人化して現在事業を開始して通算8年になりますが、勤め先を退職したのは実は2012年4月末です。つまり、「勤めながら事業経営」を8年間していた勘定です。その理由は、勤め先の「仕事」と「仲間」、「上司」や「同僚」、「後輩」から学べることと、その「コミュニティ」での「社会人生活」に可能な限り関わり続けることが非常に重要だと考えていたからです。

「会社」とは人の集まり、即ち「コミュニティ」です。同じ「価値観」、同じ「年収レベル」、同じような「気質」の人が集まっているものです。「企業風土」という言葉がありますが、まさにそれです。やっぱり「大手企業」に勤める社員は皆学歴もあり、社会常識や礼節等、優秀な人間が多いです。これが、もし私の所有する私企業で社員を募集したとしても、決してこのような学歴、資質、素養をもつ人間はこないでしょう。「大手企業」の「ブランド」「待遇」「実績」「安定性」があって初めて優秀な人材が集まるものです。

例えば、私の勤務していた港区六本木のオフィスの賃料は月4000万円だそうです。超一等地にあるガラス張りの高層ビル、何かあった際に即座に対応できる都心エリアを確実にカバーするサービス網と拠点、それらを統括するいくつもの基幹システム、そして人員、これらの「維持運営費」たるや莫大なコストです。「大企業」はそのような「莫大なコスト」をかけて維持運営されているのです。それがあって初めて「超一流のお客様から選ばれることが可能」になります。

そのような大企業だからこそ超優秀な人材が集まり、その企業風土が形成され、一流企業のみがアクセスできる一流のお客様との中で、仕事を通じて成長することができ、勤め先への愛着が醸成され、ひいては会社の成長を牽引する人材となっていくのです。

こうしたことは単にサラリーマンとして勤めていた時にはわかりませんでしたが、勤めながら自分で事業を持ち、企業経営をするようになってから、なおさら勤め先企業の「凄さ」や「ありがたみ」がわかるようになりました。その一方で「大企業の強み」だけでなく「弱み」もよく見えるようになりました。

もしあなたが、不動産投資において心血注いで努力をした結果、「経済的余裕」を見事実現したとしても、決して忘れてはいけないことは、「勤め先企業」は自分で会社を経営しても、決して経験できない規模やレベルの勉強をさせてくれているということ、即ち、**会社は、「お金をもらって勉強させてもらえる専門学校のようなものだ」**ということです。

給料以外で得られるもの、それは社会人としての「常識」や「コミュニケーション能力」、物事を多角的に捉え深掘りする「調査分析能力」、そして、それらをそのつど相手に分かりやすく伝える「プレゼンテーション能力」、そして仕事を通じて得られるチームや個人での達成感、決して「お金では買えない経験」と「能力」を勤め先企業はあなたに与えてくれているということを忘れないで下さい。私はいくら経済的余裕が構築できたとしても、その「経済的余裕」からくる「精神的余裕」を元に、勤め先でも「今まで以上によい成果を上げること」を意識したことが全ての成功の要因だと強く思います。

●あなたの人生のピークをどこにもってくるのか？

「金なしコネなし知識なし」、全くのゼロから27歳の時に競売不動産から賃貸経営に参入した私ですが、賃貸経営で利益を残すための本質は「リフォームコスト削減」だと確信し、賃貸経営を基盤とした事業を展開した結果、現在は「経済的余裕」と「時間的余裕」を構築することができました。しかし、私は本書を通じてお伝えしているとおり、不動産投資は決して万人にはお勧めしません。「大家検定」や「満室経営実践会セミナー」の参加者へ対しても、一貫して「不動産投資はやめておけ」と強く言っています。これは業界自体の構造として業者との利益相反が顕著であり、それらを理解して大家自らが「イニシアチブ」を取るためには、かなりの知識量と努力と情熱が必要だからです。

しかし、「金なしコネなし知識なし」、全くの凡人である私が、なぜこの難しい不動産投資を基盤に事業を展開し「経済的余裕」と「時間的余裕」を構築できたのかには、実は秘訣があります。それは**「全ての行動に戦略性をもつ」**ということです。具体的に言うと「20代の時にどのような30代を過ごすのか？　30代の時にどのような40代を過ごすのか？」というように、**次の5年、10年を見据えた上で計画的に行動する**ということです。

なぜならば20代のうちに散々遊んで30代になって急に「これがやりたい！」と言っても、急には人生の舵を切ることはできません。また「やりたいと思ったこと」には必ず何事にも競合がいます。もっと若いうちにそのやりたいことを明確に理解しそれに向けて心血注いで努力をしている同年代が死ぬほど大勢いるのです。生まれつきお金持ちの人、生まれつき家柄が良い人、両親や親族に強力なコネがある人、これらのハイソはいくらでもいるのです。「金なしコネなし知識なし」、何もない状態から彼らと互角に渡り合うためには**「時間を味方につけること」、即ち「戦略性を持ち人生設計していくことしかない」**のです。

私は現在「勤め先」を退職し、「好きな仲間」と「好きな事業」を、「好きな時」に「好きなだけ」取り組んでいます。36歳にして「経済的余裕」と「時間的余裕」を基盤とした「やりたいこと」を仲間とやるという環境が「金なしコネなし知識なし」、全くのゼロから構築できたことはまさにこの自分自身の「人生戦略」を綿密に組み立て実践し、競合他社を凌駕することができた結果、このような環境を手に入れることができたと確信しています。30代半ばになり、

40代まであと5年を切り、たまに当時のサラリーマン時代の同期と酒宴に行くたびにそれをより痛感しています。

例えば20代の頃は余裕でできた徹夜が、今では年を取って難しいですし、時には深夜のスカイプ会議を辛く感じることもあるのです。年齢とともに体力も無理が利かなくなってきました。当然のことながら、人間は必ず老います。いつまでも今と同じことができるわけがないのです。20代のころは、「知識」と「技術」の少なさを、がむしゃらに働き努力することでカバーできるのですが、30代半ばを過ぎたらそうはいきません。経営者でいる限り、人生の中でどのような戦略で経営していくかを「戦略性」を持ち「計画的」に考えないと、体を壊して終わりになります。

資産運用で有名な書籍である『金持ち父さん　貧乏父さん』（筑摩書房）のなかに、人を「従業員」「自営業者」「ビジネスオーナー」「投資家」という4つのクワドラントに分けて考える「キャッシュフロー・クワドラント」という概念が登場します。私は人生の「長期的戦略」として年齢とともに戦い方が変わっていくことを前提に、「すべてのクワドラントに身を置くべき」と考え、それを実践しています。平等に与えられた時間を有効活用し、経済的環境においてもしあなたが競合他社と比べて大きく「ビハインド」していればなおさら、人生を計画的に組み上げるべきなのです。

●いちばん大切にするべきものとは

ここまで本書をお読み頂きありがとうございます。36歳の私が27歳の時から不動産投資に参入し、そこで直面し、経験したことを生々しくお伝えしてきました。
「経済的余裕」と「時間的余裕」を構築する秘訣には、「時間を味方につけること」だけでなく、実はもう一つ非常に重要な秘訣があります。それは「家族」です。

私は初めて不動産を購入するという時から、自分で事業を始める時、また仲間と新たな事業を始めようとする時等、自らの人生を大きく左右するであろう様々な「重要局面」では必ず妻に相談してきました。今でも妻には「コンサル案件」のことや「グループ会社のメンバー」のことまで、様々なことを相談します。

妻は現在専業主婦ですが、元々大手企業の総務部門に勤め、10年以上にもおよぶ社会人経験を通じて多くの人や出来事を見てきました。妻は私のビジネスに関しては全く知見がありませんが、人の性格や特性、人がどう感じるかという気持ちの面では私の何倍もの感性があったりします。そのため、私は迷った時には必ず妻に相談し、客観的な立場からアドバイスをもらいます。

よく「妻の理解が得られない」と言う方がおられますが、「奥様の理解が得られない場合」は絶対に「不動産投資」だけでなく「投資活動」に取り組むことはやめた方が良いと思います。なぜならば「家族」はひとつの船に乗っている「運命共同体」だからです。何かあった時は当然家族全体でリスクを一緒に被ることになるのです。

自分と家族は「一蓮托生」の関係なのです。だからこそ、妻の理解を得た上で、リスクを取りに行き、努力の結果「経済的余裕」と「時間的余裕」を構築した暁には妻、ひいては家族を大切にすることが第一優先だと私は思います。

現在の「経済的余裕」と「時間的余裕」を構築するために不可欠だったもの、それは「最良のパートナー」、私の場合は妻である、ともみの協力が不可欠であり、最も重要な成功の要因であったことを、この場を借りて感謝と共に伝えたいと思います。

愛する妻　ともみへ　　今まで好きにやらせてくれてありがとう。　感謝!!

2013年9月1日　小林大祐

小林大祐（こばやし・だいすけ）

大家さんの為の満室経営プロ集団、ホームコンサルティングソリューションズ株式会社代表取締役。賃貸経営コンサルティングマスター。大規模修繕コスト削減スペシャリスト。

不動産コンサルタントとして、日本では数少ない「大規模修繕コスト」「建築コスト」の削減に特化したコンサルティングを、「資産運用」の為に不動産を所有する国内外の企業・投資家・家主・地主に対して展開している。業界の商習慣にとらわれない独自のアプローチで「リフォーム工事費用」を劇的に削減する手腕を持つ。その革新的な「ノウハウ」と「手法」は「日経ビジネス」をはじめ多くの新聞雑誌に取り上げられ、各地での講演依頼も多数。また「全国賃貸住宅新聞」への連載のほか、「オーナーズ」等でも執筆している。

不動産投資、賃貸住宅業界では稀有な、大幅「コスト削減スキル」をもち、確実な「実績」を上げている収益不動産コンサルタントである。また、自らも27歳の時に全くの資産ゼロから不動産投資を始め、家賃収入1500万円、利回り15%以上で運用する現役大家であり、国内外6社の企業群を経営し、純資産2億円5千万円以上を30代で構築した事業家でもある。

全国会員400名規模の富裕層向不動産投資コミュニティ、大家さんの為の「満室経営実践会」を主宰。（http://www.hcs2006.net/）◆「失敗しようがない不動産投資の秘訣5カ条」（76ページ：PDF）限定無料公開中！

編集協力：羽田真智

不動産投資《ふどうさんとうし》・賃貸経営《ちんたいけいえい》で利益《りえき》を残《のこ》す！
リフォームコスト削減《さくげん》ノウハウ虎《とら》の穴《あな》

2013年12月10日　第1刷発行
2019年 8 月 5 日　第7刷発行

著者　小林大祐（こばやし・だいすけ）

発行者　喜入冬子

発行所　株式会社筑摩書房
東京都台東区蔵前2-5-3　郵便番号111-8755　電話番号03-5687-2601（代表）

装丁　小田蓉子（井上則人デザイン事務所）

印刷・製本　三松堂印刷株式会社

ISBN978-4-480-86427-7 C0034